412-13

Robert Johansen

Ex. 2863

Mon 2 - 5
Wed. 2 - 5
Thurs. 3 - 5
Fri. 3 - 5

7 - 9:30 P.M. Mon, Tues, Thurs

FRENCH FOR READING KNOWLEDGE

French for Reading Knowledge

A DIRECT APPROACH

Joseph Palmeri

E. E. Milligan

THE UNIVERSITY OF WISCONSIN

American Book Company   NEW YORK   CINCINNATI

CHICAGO   BOSTON   ATLANTA   DALLAS   SAN FRANCISCO

Palmeri and Milligan: *French for Reading Knowledge*

MADE IN U.S.A.   E.P. 10 9 8 7

1959 IMPRESSION

Preface

French for Reading Knowledge presents a plan to teach the reading of French directly and economically. This book is not intended for those interested in acquiring a practical speaking knowledge. It is meant to reach that large number of students, college freshmen or graduates, who would like to acquire a reading knowledge of French if they could only have the time. It fills a gap. It replaces no other text.

French for Reading Knowledge differs from the traditional, as well as the current oral-aural type of text. It differs in aim, approach, teaching technique, vocabulary, reading material, etc. How it differs cannot be told here because a short description would be inadequate, and a long one would be read only by those who do not need to read it. In view of this, we should like to make but one brief comment: the basic vocabulary, basic for reading only and extremely small, includes those words which the student will need for further reading in any field. There are a few words, though, which are not generally basic. Obviously, they had to be included for practical purposes.

We wish to thank Professor Casimir D. Zdanowicz, who foresaw in an Extension reading course the development of a new method and offered valuable suggestions for the preparation of this book. We are grateful to Dr. Lorentz H. Adolfson, Director of the Extension Division, and to Dr. W. M. Hanley, also of the Extension Division, for continous professional support and encouragement. We are grateful, too, to Mlle Germaine Mercier and to Mme Françoise Jankowski (née Cusin) for reading the manuscript and making valuable suggestions, and to Miss Ethel A. Schenk, Specialist in charge of Placement and Attainment Examinations at the University of Wisconsin, who was consulted on various matters.

JOSEPH PALMERI

E. E. MILLIGAN

Important Notice to the Student

The first section of this book demonstrates that you know before starting at least 2,000 French words, most of which are either spelled the same as in English or are easily recognized. *French for Reading Knowledge* makes full use of this knowledge. The exercises are based very largely on it, and as a result they are very easy. Occasionally, though, you are asked to do some guessing.

Your guessing has not been left to chance but to intelligent deduction or inference. The probable meaning of a new word or phrase should be figured out

1. by remembering that so many French words resemble English words of the same meanings,
2. by associating the new words with other French words which you have learned (for example, **visite, visiter, visiteur** are obviously related words),
3. by examining the context (each sentence must convey a logical thought; it must make sense).

The correct meaning of each word or phrase you are asked to guess will be found in the vocabulary at the end of the book. You are earnestly urged, though, not to look up the meanings of such words except as a last resort. Don't try to "save" time, don't be mentally lazy, give yourself a chance. Guessing the probable meanings of new words or phrases by association or by examination of the context in which they occur is an interesting game and, if fairly played, a worth-while one, for among other things it trains the imagination and teaches self-reliance.

Table of Contents

FRENCH FOR READING KNOWLEDGE

Introduction

Essentials of Pronunciation

A. SYLLABICATION (Division of words into syllables)

A syllable is a pronounceable unit. A vowel can be pronounced alone but a consonant, to be pronounceable, must occur with a vowel: **a, le, ma, il**

So far as possible every syllable in French begins with a consonant:

ca/fé, Ma/rie, a/ni/mal (initial vowel constitutes a syllable)

The first of two or more consonants (except a consonant + **r** or **l**, which blend) is pronounced with the preceding syllable, the other(s) with the following syllable:

mer/ci, ad/mis, é/cri/vain, ta/bleau

B. STRESS

French syllables are pronounced with almost equal force, a *very light* stress being given to the last syllable, except in words ending in silent **e** (e without written accent) when the next-to-the-last syllable receives the stress:

Paris, ver*tu*, liber*té*, but ar*tiste* (since final e is silent)

C. CONSONANTS

Most French consonants are pronounced approximately as in English. The following exceptions should be noted:

1. Final consonants are generally silent except **c, r, f, l,** and **q.** Recall the exceptions by remembering: *C* a *R* e *F* u *L* + *Q*

   héro$, furieu$, obje$, obje$$, avec

   Note:

   1. Consonants are always pronounced when followed by a vowel:

      peti$ but petit$

   2. The letter r is silent in verbs ending in **-er** (**admirer, décider**) and in words of more than one syllable ending in **-ier** (**premier, dernier**)

2. C followed by **e, i,** and **y;** and **ç** are pronounced like *s* in *see:*

   certain, cinéma, cylindre; garçon, façade

   In all other cases, except in the combination **ch, c** is pronounced like *k:*

   café, courage, curé, classe, crayon

3. Ch is generally pronounced like *sh* in *shoe:* **Charles, chocolat**

4. G followed by **e, i,** and **y;** and **j** are pronounced like *s* in *pleasure:*

   général, gilet, gymnase; jargon, juge

In all other cases, except in the combination **gn, g** is hard as in *go:*
> **garage, gouvernement, gladiateur, grande, guitare** (<u>u in gu</u> silent)

5. **Gn** is pronounced like the *ni* in *onion:*
> **magnifique, champagne**

6. **H** is always silent: **hôtel, théâtre** (**ph**, however, is pronounced like *f:* **philosophie**)

7. **Ill** in the middle of a word, and **il** at the end of a word are usually pronounced like the *y* in *yet:*
> **fille, famille; soleil, travail**

Note the following exceptions:
> **ville, mille, tranquille, village,** in which *l* is pronounced as in English

8. **Qu** is usually pronounced like *k:*
> **qualité, question**

9. **T** in the ending **-tion** is pronounced like *s* in *see:*
> **nation, action**

10. Double consonants usually have the same sound as single consonants:
> **donner, aussi**

D. VOWELS

Note well:
> In words of more than one syllable, final **e** (**e** without written accent) is silent:

> **ell¢, facil¢, tabl¢, tabl¢¢**

French vowels	English Approximations	Examples
a, à	*a*t	mad*a*me, *à*

Except in verbal endings, â is like the *a* in f*a*ther: **âme.**

| e (without written accent at end of syllables) | *a*bove | le, ne, devant, leçon |
| é | l*a*te | été, café, vénéré |

Note: This sound occurs also in the word **et** and in:

Spelling	Examples
-er (final, when **r** is silent)	arriv*er*, aid*er*
-es (where **e** is the only vowel)	l*es*, d*es*, m*es*
-ez (final)	av*ez*, ch*ez*, aim*ez*
-ai (final)	j'*ai*, g*ai*, donn*ai*

| è, ê | l*e*t | mère, père, tête, fête |

Note: This sound occurs also in the word **est** and in:

Spelling	Examples
e + two consonants	elle, celle, cette
ei	p*ei*ne, pl*ei*ne
aî, ay, ai (not final)	m*aî*tre, cr*ay*on, m*ai*s

eau (same as ô)		
eu (and œu)	s*i*r	p*eu*, d*eu*x, s*œu*r
i, î, y	mach*i*ne	*i*c*i*, *î*le, st*y*le
o (when not final sound)	b*ou*ght	*o*ctobre, p*o*rt, *o*fficiel
ô, eau, and o (when final sound)	b*oa*t	h*ô*tel, m*o*t, n*o*s, b*eau*

| oi | *wa*tt | m*oi*, tr*oi*s, v*oi*là |
| u | like German *ü*[1] | |

NASALS (nasal = vowel + m or n in same syllable)

an, en, am, em	p*on*d	d*an*s, *en*fant, *am*ple, t*em*ps
on, om	wr*on*g	*on*, b*on*, régi*on*, t*om*be
un, um	gr*un*t	*un*, l*un*di, parf*um*
in, ain, ein, ien, yn,	s*an*k	*in*dustrie, p*ain*, s*ein*, r*ien*,
im, aim, eim, ym		s*yn*taxe, *im*portant, f*aim*,
		R*eim*s, s*ym*pathique

E. SEMI-VOWELS (also called semi-consonants since they are
  on the borderline between vowels and consonants):

When the vowel **i** or **y** comes before a vowel of stronger
stress (any vowel except mute **e**), it is pronounced rapidly with
the tongue slightly closer to the palate than usual. That is to
say, it is pronounced somewhat like *y* in *yes:*

bien, première, croyons

The vowel combination **ou**, before a vowel of stronger
stress, is pronounced like *w* in *wish:*

oui, Louis, Louise

F. LINKING

When no logical stop is possible between two words, the
final consonant of the first word, whether usually silent or not,
is carried over and pronounced with the first vowel of the
following word if it starts with a vowel or silent **h** (**h** is always
silent except as explained on page 3):

les‿étudiants; les bons‿étudiants; six‿hommes

[1] This French sound may be formed by rounding lips as for *oo* in b*oo*t
but uttering, instead, *ee* in f*ee*t.

In linking, s and x are pronounced like z.
d is pronounced like t (quand‿on, quand‿il).

Cognates (Related Words)

A great many French words are like English words and have the same meaning. These are called cognates. Of the first 5000 most common French words, you already know about 2000, or 40 per cent. For example, most French words ending in -ion, -al, -ance, -ence, -ude, -able, -ible are spelled the same in French and English:

attention, intention, passion, permission; animal, cordial, rival, minéral; ignorance, arrogance, importance, vigilance; différence, prudence, excellence, intelligence; fortitude, servitude, gratitude, attitude; admirable, inévitable, probable, curable; possible, intelligible, incompatible, inflexible.

There are also many words that are easily recognized. For example, many nouns ending in -té and others ending in -eur have English equivalents in -ty and -or respectively: liberté, vanité, nécessité, charité; acteur, aviateur, professeur, moteur.

Similarly, French words ending in -iste, -eux, -aire, -ique have English equivalents in -ist, -ous, -ary, -ic(al) respectively:

artiste, idéaliste, dentiste, pessimiste; fameux, curieux, furieux, délicieux; ordinaire, secondaire, temporaire, contraire; musique, comique, héroïque, république.

The scientific and technical vocabulary is very similar in both languages:

acide, aileron, alcali, analyse, anémique, ampère, algèbre, analogue, angle, anatomie, ammoniac, aorte, artère, atome, bactérie, baromètre, etc.

There are hundreds of words that cannot be classified but which are easily recognizable:

riche, soupe, article, blouse, exemple, climat, table, page, classe, objet, tulipe, dessert, café, difficile, cathédrale, problème, plus, absent, demande, innocent, garage, océan, profond, enveloppe, boulevard, air, sombre, taxi, moment, calme, personne, hôtel, cinéma, drame, grand, aimable, million, étiquette, tragédie, comédie, ordre, désordre, sabotage, scène, musicien, fiancée, liste, exploit, long, date, cause, justice, système, blâme, confort, rendez-vous, automne, débutante, réservoir, appétit, journal, menu, cycle, compartiment, idée, douzaine, radio, talent, science . . . naturellement (*naturally*), absolument, directement, ordinairement, complètement, immédiatement . . . admirer (*to admire*), adorer, abandonner, aider, affirmer, analyser, assembler, assurer, arriver, arrêter, *etc., etc.*

The circumflex accent (ˆ) often indicates the presence of the letter *s* in the English cognate:

FRENCH	ENGLISH
hâte	*haste*
forêt	*forest*
île	*isle*
maître	*master*
hôpital	*hospital*

Note well:

As shown by the foregoing, the differences in the spellings of related French and English words occur, usually, in the *endings:* liber**té**, liber**ty;** act**eur**, act**or;** direct**ement**, direct**ly.**

Part 1

Phonemes in M.
Dantes 4 & 5

1 — 7 learn

1. PRESENT TENSE OF être (*to be*)

Affirmative

je suis	*I am*
tu es	*you are*
il (elle, on) est	*he (she, one) is*[1]
nous sommes	*we are*
vous êtes	*you are*
ils (elles) sont	*they are*

Interrogative

suis-je?	*am I?*
es-tu?	*are you?*
est-il (elle, on)?	*is he (she, one)?*
sommes-nous?	*are we?*
êtes-vous?	*are you?*
sont-ils (elles)?	*are they?*

2. NEGATION (*not*)

Ne or n' before the verb and pas after it are translated *not*.

[1] Il and elle may also mean *it*.

8

je ne suis pas	I *am not*
il n'est pas	*he is not*
ne sont-ils pas?	*are they not?* (*aren't they?*)
vous n'êtes pas	*you are not*
n'est-elle pas?	*is she not?* (*isn't she?*)

Translate:

1. Charles est intelligent. Louise est intelligente[1] aussi.
2. Marie n'est pas intelligente. Elle n'est pas stupide. Elle est active.
3. Paul n'est pas actif. Ils sont actifs. Vous êtes actif.[2] Êtes-vous actifs?[2]
4. Nous sommes Américains. Ils ne sont pas Américains.
5. Es-tu courageux? Je suis courageux. Elle est courageuse.
6. N'êtes-vous pas Italien? Il est Italien.
7. Je suis Français. Es-tu Français aussi?
8. Hélène est Française. Elles sont Françaises aussi.
9. N'est-il pas Canadien? Il est Canadien. Elle n'est pas Canadienne.
10. Monsieur Lenoir est professeur. Il n'est pas riche. Il est pauvre. Les professeurs sont pauvres. Êtes-vous pauvre? Ah! vous n'êtes pas professeur!
11. Nous sommes Italiens. Ils sont Africains.
12. N'êtes-vous pas Anglais? Je suis Anglais.
13. Paul n'est pas en Italie. Il est en France. Il est à Paris.
14. Joseph est musicien. Hélène est musicienne aussi.
15. Ils sont en Europe. Ils ne sont pas en Afrique.
16. Sont-ils en Espagne? Non, monsieur, ils sont en Belgique.
17. Il est cruel. Est-elle cruelle? Elles sont cruelles. Ils sont cruels.

[1] Adjectives agree in *gender* and *number* with the words they modify; explained in SECTION 15.

[2] The **vous** form of address may refer to one or more persons. This form of address is formal or polite. The **tu** form is familiar and always refers to one person.

3. GENDER, PLURAL OF NOUNS

In French, nouns are either masculine or feminine; there are no neuter nouns in French. The plural of most nouns is formed by adding **s** to the singular (**table, tables**).

4. THE INDEFINITE ARTICLE, ENGLISH *a* OR *an*

The indefinite article is

un before a masculine singular noun,
une before a feminine singular noun.

5. THE DEFINITE ARTICLE, *the*

The definite article is

le before a masculine singular noun beginning with a consonant,
la before a feminine singular noun beginning with a consonant,
l' before any singular noun starting with a vowel or silent **h**,
les (the plural of **le, la,** and **l'**) before any plural noun.

6. USE OF DEFINITE ARTICLE

The definite article is used far more in French than in English. Nouns used in a general sense, abstract nouns (nouns which have no physical existence), and often names of languages, countries, and so on, take the definite article in French although not necessarily in English.

Examples:

L'homme est mortel.	*Man is mortal.*
Le courage est une vertu.	*Courage is a virtue.*
J'étudie le français.	*I am studying French.*
La France est en Europe.	*France is in Europe.*

Translate:

1. **Robert étudie l'algèbre, l'histoire et la botanique.**

2. La musique est un art. La patience est une vertu.
3. Le français n'est pas difficile; il est facile.
4. Paul est un grand artiste; il est musicien.
5. Les Alpes sont situées entre la France et l'Italie.
6. Les critiques judicieux sont rares.
7. Le talent est une longue patience. — Maupassant, paraphrasing Buffon
8. La patience est l'art d'espérer (*of hoping*). — Vauvenargues

Basic Vocabulary

à, *to, at*   sans, *without*
de, *of, from*   et, *and*
dans, *in*   voici, *here is, here are*
avec, *with*   voilà, *there is, there are*

Translate:

1. le cousin, les cousins, le cousin et la cousine, les parents, la valise, avec Louis, sans la cousine, à la nièce
2. dans l'automobile, sans la nièce, à Robert, avec Louise, de Milwaukee, à Rome, sans passion, avec importance, dans la soupe
3. Voici la lettre. Voilà les fruits. Voilà l'hôtel. Voici le café.
4. en France, à Paris, en Amérique, dans le corridor
5. Voilà Paul. Il est avec la cousine de Marie.
6. Être[1] naturel dans les arts, c'est[2] être sincère. — Joubert

7. CONTRACTIONS

au = à + le, *to the, at the*   du = de + le, *of the, from the*
aux = à + les, *to the, at the*   des = de + les, *of the, from the*

Basic Vocabulary

qui, *who, whom, which, that*   où, *where* (ou, *or*)

---

[1] The written accent is usually omitted on an initial capital letter, except on **E**.

[2] C' (also **ce**) is often redundant (superfluous) before the forms of **être**.

le père, *father*
la mère, *mother*
le fils, *son;* les fils, *sons*
la fille, *daughter* (jeune fille,
  girl)

le garçon, *boy*
l'enfant, m. and f., *child*
le pays, *country;* les pays, *countries*
il y a, *there is, there are*

Translate:

1. au père, des mères, du fils, des fils, de l'oncle, aux oncles,
   à la jeune fille, aux jeunes filles, du garçon, des enfants,
   de la grand'mère, du grand-père
2. Robert est au restaurant. Il est avec Marie.
3. Sont-elles au théâtre? — Elles sont au concert.
4. Le garçon n'est pas au café.
5. Robert est le fils de monsieur Lenoir.
6. Elles sont avec une des cousines de Blanche.
7. Qui est la jeune fille qui est avec Robert?
8. Où est la mère des enfants? Où est-elle?
9. (Do not look up any words.) Le Rhin est un fleuve qui se
   jette (*empties*) dans la mer du Nord.
10. (Note position of adjectives):
    a. La France est située à égale distance du pôle nord et
       de l'équateur.
    b. La France est un des grands pays de l'Europe occi-
       dentale. Au centre du pays il y a un vaste plateau de
       granit, le plateau central ou le Massif Central.
11. La liberté politique est impossible sans la liberté de la
    presse.
12. La justice est inséparable de la bonté (*goodness*). —J.-J.
    Rousseau

8. PRESENT TENSE OF **avoir** (*to have*)

Affirmative

j' ai	*I have*
tu as	*you have*
il (elle, on) a	*he (she, one) has*

nous avons	*we have*
vous avez	*you have*
ils (elles) ont	*they have*

Interrogative

ai-je?	*have I?*
as-tu?	*have you?*
a-t-il (elle, on)?[1]	*has he (she, one)?*
avons-nous?	*have we?*
avez-vous?	*have you?*
ont-ils (elles)?	*have they?*

Basic Vocabulary

deux, *two*	avoir . . . ans, *to be . . . years*
trois, *three*	*old*
quatre, *four*	combien (de), *how much, how*
cinq, *five*	*many*
petit, *small*	quel, *what, which*
grand, *big, great, tall*	ne . . . que, *only*

Translate:

1. elle a, ils ont, a-t-on? n'avez-vous pas? ils n'ont pas, ils ne sont pas, n'avons-nous pas? j'ai, je ne suis pas, êtes-vous? quel garçon? quelle jeune fille?
2. M. et Mme (Monsieur et Madame) Lenoir ont cinq enfants, deux fils et trois filles.
3. Mlle (Mademoiselle) Renal a un oncle à New York.
4. M. Leblanc n'a qu'un fils, un petit garçon de cinq ans.
5. Nous avons deux petites filles, une de quatre ans et une de deux ans.
6. Combien d'enfants avez-vous, monsieur?
7. La France a quatre grands fleuves: La Seine, la Loire, le Rhône et la Garonne.

[1] Note the **-t-** between the verb and the subject. This construction occurs only in the third person singular whenever, in questions, a verb ends in a vowel and the subject begins with a vowel (**a-t-on? a-t-elle?**).

8. Quel âge as-tu, petit garçon? — J'ai six ans. Je n'ai que six ans.
9. Quel âge avez-vous? Quel âge a-t-il? Quel âge a-t-elle?
10. Madame Rimbot est une grande violoniste. Elle est petite. Elle n'est pas grande.
11. J'ai un rendez-vous avec Louise. Avez-vous un rendez-vous aussi?
12. La raison et la liberté sont incompatibles avec la faiblesse. — Vauvenargues

9. POSSESSION

Possession, usually expressed by 's in English, is expressed in French by **de** plus the possessor:

Example:

le frère de Marie, *Mary's brother*

Basic Vocabulary

sur, *on, upon*	l'homme, *the man*
sous, *under*	la femme,[1] *the woman*
très, *very*	l'ami, m. (l'amie, f.), *friend*
pour, *for* (before infinitive, *to, in order to*)	la vie, *life*

Translate:

1. avec le cousin, sans la cousine, de la nièce, sans courage, à Chicago, de Paris, dans la Louisiane du nord, en France, l'amie de Paul, pour le garçon, pour être, pour avoir
2. Paul est avec Marie. Il n'est pas avec Louise.
3. La lettre est sur la table. — Quelle table? — La grande table.
4. Le chat n'est pas sous la chaise.
5. Où est Paul? Est-il avec vous?

[1] The first e is pronounced like *a* in *hat*.

6. N'est-il pas avec vous? Il n'est pas avec Louise.
7. Nous sommes de Madison. Êtes-vous de Chicago?
8. Où sont les étudiants? Où sont-ils?
9. Où sont les photographies? Ne sont-elles pas sur la table?
10. La vie est très intéressante. — La vie des étudiants, monsieur?
11. Où est le frère de Louise? Qui est le frère de Louise?
12. La vie est courte; elle est très courte.
13. Les plaines et les vallées de la France sont très fertiles.
14. N'avez-vous pas l'adresse de monsieur Dupont à Chicago?
15. Les femmes sont extrêmes; elles sont meilleures (*better*) ou pires que les hommes. — La Bruyère

10. THE PARTITIVE

The partitive idea, the idea of *some* or *any*, is often implied in English; in French, it is always expressed. Before a noun, it is expressed by **de, d', du, de la, de l',** or **des.** When there is no noun, the idea of *some* or *any* is expressed by **en,** which usually stands before the verb:

> **Avez-vous des cigarettes? — J'en ai.**
> *Have you any cigarettes? — I have (some).*

En may also mean *of it* or *of them* and is always expressed:

> **Combien de frères avez-vous? — J'en ai trois.**
> *How many brothers have you? — I have three (of them).*

Basic Vocabulary

l'argent, m., *money*	beaucoup, *much, very much, a lot, a great deal*
la ville, *city*	
souvent, *often*	trop, *too much, too*
peu, *little*	tant, *so much, so many*
assez, *enough*	

Translate:

1. du café, des fruits, de la musique, des roses, de l'argent, assez de soupe,[1] peu d'argent, beaucoup de villes, une douzaine de bananes, tant de touristes, trop d'enfants

2. En avez-vous? Combien en avez-vous? En avez-vous assez? Combien d'oranges désirez-vous? Combien en désirez-vous?

3. J'en ai. Ils en ont aussi. Elle en a peu. Tu en as beaucoup. Il en a trop. Elles n'en ont pas. Vous en avez tant!

4. trop petit, trop grand, un peu grand, un peu petit, assez grand, pour continuer, pour être, pour inviter, pour le père ou pour la mère? assez souvent, très souvent, trop souvent

5. Paris, Bordeaux et Lyon sont de grandes villes. Elles sont situées sur des fleuves (*rivers*).

6. Les grandes villes sont souvent situées sur de grands fleuves ou sur des ports de mer.

7. Avez-vous des oranges? — Oui, madame, nous en avons. Nous avons aussi des légumes (*vegetables*) frais.

8. Les Alpes sont des montagnes situées entre la France et l'Italie.

9. A-t-il des enfants? — Il en a. Il n'en a pas.

10. Y a-t-il des enfants? — Il y en a. Il n'y en a pas.

11. Le professeur a de la patience. Il a aussi un peu de modestie.

12. Y a-t-il des automobiles dans la rue (*street*)? — Il y en a deux (cinq, peu, assez, beaucoup, tant, trop).

13. On a souvent de la difficulté à gagner (*earn*) de l'argent.

14. D'ordinaire (ordinairement) les femmes sont un peu curieuses.

15. N'avez-vous pas d'influence politique? — J'en ai peu (un peu, assez).

---

[1] *Note:* Adverbs of quantity take a **de** (or **d'**), which is usually not translated, before a noun.

16. A-t-elle de l'argent? — Elle en a beaucoup (trop, tant).
17. Il y a des hommes qui sont de grands enfants.
18. Les hommes ont de grandes prétentions, et de petits projets. — Vauvenargues
19. La vérité est qu'il n'y a pas de race pure. — Renan
20. Il n'y a pas de roses sans épines. — Proverb

Note:

> From the foregoing exercise, observe that before a noun the partitive is expressed by **de** (**d'**) in the following cases:
>
> a. after expressions of quantity (**combien, beaucoup, peu**);
>
> b. when an adjective precedes a noun (first sentence in 5, above);
>
> c. after a general negation (sentence 15, above).
>
> In all other cases, before a noun, the partitive is expressed by **de** + the definite article (**de la, de l', du** and **des**).

11. PRESENT TENSE OF –ER (FIRST CONJUGATION) VERBS

The endings of the present tense of a great many French verbs are **-e, -es, -e, -ons, -ez, -ent.** These endings are attached to the *stem* of nearly all **-er** verbs after the **-er** has been dropped:

trouver, *to find*

je trouve	nous trouvons
tu trouves	vous trouvez
il (elle, on) trouve	ils (elles) trouvent[1]

The present tense has three possible translations. Thus **je trouve** may mean *I find* or *I am finding* or *I do find* depending on the context.

---

[1] The verb ending **-ent** is always silent.

Note well:

Learn well the present tense of all verbs. You will find later that a thorough knowledge of the present tense is of great help in determining most of the other tenses.

Basic Vocabulary

parler, *to speak, to talk*
regarder, *to look, to look at*
aimer, *to like, to love*
travailler, *to work*
porter, *to carry, to wear*

donner, *to give*
écouter, *to listen, to listen to*
chercher, *to look for, to search for, to seek*

Translate (giving as many translations as good English permits):

1. ils écoutent, vous donnez, donnez-vous? ne donnez-vous pas? je regarde, elle parle, parle-t-il? cherchent-ils? n'aimez-vous pas?
2. nous trouvons, elle ne porte pas, vous portez, nous travaillons, il n'écoute pas, écoute-t-elle? pour parler, pour travailler, pour porter, pour chercher
3. Ils passent l'automne en France. Ils aiment voyager.
4. Elle porte souvent de belles robes. Elle en porte souvent.
5. Préférez-vous du thé ou du café, monsieur?
6. Madame Lenoir cherche des domestiques. Elle en trouve. Elle n'en trouve pas. En trouve-t-elle? En trouve-t-elle assez? N'en trouve-t-elle pas assez?
7. Les amis de Louis voyagent dans l'Amérique du Sud.
8. Michel quitte la ville sans regret.
9. Les femmes détestent la vanité des hommes.
10. D'ordinaire (ordinairement) on aime voyager.
11. Nous cherchons la solution du problème. — Quel problème?
12. Elle entre dans le restaurant de l'hôtel.
13. Parlez-vous français? — Non, monsieur, je ne parle que l'anglais.
14. Robert passe la soirée (*evening*) au café.

15. Les petites filles aiment les bicyclettes.
16. En Europe on parle souvent deux ou trois langues. Combien en parlez-vous? *Why no de ?*   7   \
17. Ah! Voici une méthode qui aide la mémoire!
18. Il trouve l'argent. Il trouve de l'argent.
19. Ils travaillent. Ils continuent à travailler. Nous continuons à travailler aussi.
20. Qui est la jeune fille qui regarde les photographies?
21. Nous ne donnons pas de café aux enfants.
22. Écoutez-vous? — J'écoute attentivement.
23. J'accepte avec beaucoup de plaisir.
24. La mémoire est un miroir où nous regardons les absents. —
    — Joubert
25. Les dettes abrègent la vie. — Joubert

12. POSITION OF ADJECTIVES

Adjectives usually follow the noun in French:

> le vin rouge, *the red wine*
> une école catholique, *a Catholic school*
> des dames françaises, (*some*) *French ladies*

Basic Vocabulary

mais, *but*	le mot, *word*
c'est-à-dire,[1] *that is to say*	noir, *black*
parce que, *because*	avant, *before*

Translate:

1. un silence profond, un homme riche, les idées populaires, une femme distinguée, des fruits délicieux, les boulevards déserts, un chapeau rouge
2. La France est située à l'extrême ouest de l'Europe occidentale.
3. N'aimez-vous pas le café noir?
4. La physique nucléaire est très intéressante.

---

[1] Often followed by que (qu'), *that.*

5. J'aime la majesté des souffrances humaines. — Vigny
6. Avant la culture française, la culture allemande (*German*),
   la culture italienne, il y a la culture humaine. — Renan
7. L'art n'est pas une étude de la réalité positive; c'est une
   recherche de la vérité idéale. — George Sand
8. Le français est une langue romane (*Romance*). Les langues
   romanes importantes sont: le français, l'italien, l'espa-
   gnol, et le portugais. Les langues romanes sont d'origine
   latine, c'est-à-dire qu'elles dérivent du latin, directement
   ou indirectement. Les langues romanes ne sont pas difficiles; elles sont faciles.

   L'anglais n'est pas une langue romane parce qu'il ne
   dérive pas du latin. Il est d'origine anglo-saxonne ou
   germanique, mais un grand nombre de mots anglais
   sont d'origine latine, et ressemblent aux mots français
   qui dérivent du latin.

   L'étude du français est très utile. On parle français en
   France, en Belgique, en Suisse, dans certaines parties de
   l'Afrique et de l'Indo-Chine, au Canada, et en Louisiane.
   Le français est un instrument de culture et de diplomatie.
   Les Français excellent en littérature, en philosophie, dans
   les sciences et dans beaucoup d'autres activités humaines.
   Il est très intéressant de lire Maupassant, Molière, Vol-
   taire et d'autres auteurs dans la langue originale.

Review 1 (sections 1–12)

Translate:

1. charité, contraire, comédie, héroïque, moteur, délicieux, arrêter
2. Voilà le père de Paul. Il entre dans le restaurant.
3. Êtes-vous de Madison? — Non, monsieur, je suis de New York.
4. Il y a trop de sel dans la soupe. Il y en a trop.
5. Combien de bananes désirez-vous? — Une douzaine.
6. Avez-vous beaucoup d'expérience, monsieur? — J'en ai un peu. (J'en ai peu. J'en ai assez. J'en ai beaucoup.)
7. As-tu du courage? N'as-tu pas de courage?
8. Il trouve les amis. Il trouve des amis.
9. Je n'ai que trois dollars. Combien en avez-vous? — J'en ai quatre.
10. La vie est très courte. Elle est très courte. Elle est trop courte.
11. Il passe l'automne en France. Il est à Paris.
12. Voici le costume de la jeune fille. Voici un costume de jeune fille.
13. Le professeur de français donne des ordres en français.

21

14. Les Martin[1] n'ont pas d'enfants. Les Lambert en ont cinq.
15. Quel est le sujet de cette (*this*) comédie?
16. Qui est cette jeune fille? Qui cherchez-vous? Qui regardez-vous? De qui parlez-vous?
17. L'homme admire le courage, la modestie et les autres vertus.
18. Le fils et la fille de monsieur Lenoir sont des pianistes distingués.
19. Il vient (*comes*) du café. Il travaille au café. Il retourne au café avant six heures (*o'clock*).
20. Deux des plus grands pays de l'Europe occidentale sont la France et l'Italie.
21. Les lettres sont dans la valise. La valise est sous la table.
22. Le petit garçon n'a que quatre ou cinq ans.
23. Un grand homme n'est pas nécessairement un homme grand. Voici une photographie de Napoléon. C'est un petit homme, mais il était (*was*) un grand général.
24. Marie préfère du thé. Je désire du café noir.
25. N'admirez-vous pas les fleurs qui sont dans le petit vase?
26. Il cherche la femme. — Quelle femme? — La femme.
27. L'argent n'est pas absolument nécessaire au bonheur (*happiness*), mais il est souvent très utile.
28. Où sont les parents de la petite fille? — Ils sont au cinéma.
29. La jeune fille qui parle avec Hélène porte souvent de belles robes rouges.
30. D'ordinaire on aime les petits enfants.
31. Nous écoutons la musique. La musique est un art.
32. Le français est une langue romane, c'est-à-dire qu'il dérive du latin parlé (*spoken*).
33. Il y a tant de fruits sur la table. Il y a tant de pain (*bread*) sur la table.
34. La clémence des princes n'est souvent qu'une politique pour gagner l'affection des peuples. — Vauvenargues

[1] Note that family names are not pluralized in French.

Part 2

13. PRESENT TENSE OF –IR (SECOND CONJUGATION) VERBS

There are two types of –IR verbs (besides a few irregular ones). The endings of the larger group are -is, -is, -it, -issons, -issez, -issent. These endings are attached to the *stem*, that is to say, after the –IR of the infinitive has been dropped, thus:

agi̶r̶, *to act*

j' agis, *I act*, or *I am acting*, or *I do act*
tu agis
il agit
nous agissons
vous agissez
ils agissent

Basic Vocabulary

réussir, *to succeed*	bien, *well, much*
rougir, *to blush*	mal, *badly*
choisir, *to choose*	bon, m., bonne, f., *good*
remplir, *to fill*	mauvais, *bad*

Translate:

1. il agit, elles agissent, nous réussissons, vous remplissez, ils ne remplissent pas, il remplit, ne rougit-elle pas? vous rougissez, vous ne choisissez pas, il choisit, ils ne rougissent pas, nous agissons, vous réussissez

2. je punis, elle ne punit pas, punissez-vous? ne punissez-vous pas? vous applaudissez, j'applaudis, elle punit, il ne punit pas, ils applaudissent, il finit, vous ne finissez pas, je finis, finis-tu? applaudis-tu? nous ne finissons pas

3. Souvent nous finissons avant six heures.

4. Elle choisit une belle robe bleue.

5. D'ordinaire les bons étudiants réussissent.

6. Je remplis un tube de mercure.

7. Choisissez-vous un chapeau? Ne choisissez-vous pas un chapeau?

8. Les enfants finissent le travail.

9. Elle remplit les bouteilles. Elle remplit des bouteilles.

10. (Note use of adjective as noun):
    a. D'ordinaire on applaudit les bons acteurs. On n'applaudit pas les mauvais.
    b. Je cherche ma (*my*) cravate. — La rouge ou la noire?
    c. J'ai de bons étudiants et de mauvais.

11. Elle rougit souvent. Rougissez-vous facilement?

12. Je choisis des fruits frais. J'en choisis. Il en choisit aussi.

13. Nous applaudissons la vertu, mais nous punissons le crime.

14. Les touristes remplissent la ville.

15. Il y a des jeunes filles qui rougissent peu, et il y en a qui ne rougissent jamais (*never*).

16. D'ordinaire ceux (*those*) qui travaillent bien réussissent.

17. La femme agit, l'homme réagit.

18. La force et la faiblesse de l'esprit (*mind*) sont mal nommées; elles ne sont en effet que la bonne ou la mauvaise disposition des organes du corps. — La Rochefoucauld

Skip.

14. PRESENT TENSE OF **–IR** VERBS (CONTINUED)

Most **–IR** verbs are conjugated like **agir**. A smaller but important group of **–IR** verbs drops the final consonant of the *stem* throughout the singular but it reappears in the plural, thus:

sentir, *to feel*

je sens, *I feel* or *I am feeling* or *I do feel*
tu sens
il sent
nous sentons
vous sentez
ils sentent

Basic Vocabulary

mentir, *to lie*	**quand,** *when*
sortir, *to go out*	**maintenant,** *now*
partir, *to leave*	**ne . . . pas du tout,** *not at all*
dormir, *to sleep*	

∧ *may stand alone*

Translate:

1. il ment, ils ne mentent pas, vous sortez, je ne sors pas du tout, ils dorment, nous servons, je sers, elle sert, ils servent, ne servez-vous pas? sentent-ils?
2. Ne ment-il pas un peu?
3. Quand part-il? — Il part maintenant.
4. Dormez-vous bien? — Je dors mal. Je dors très mal. Je ne dors pas du tout.
5. Nous sortons un moment. Nous sortons tout de suite (immédiatement).
6. Partez-vous maintenant? — Je pars tout de suite.
7. On sert le dîner. Maintenant le dîner est servi.
8. Sort-il tout de suite? — Il sort dans un moment.
9. Il ne sent pas du tout les affronts.
10. Tu mens! — Non, maman, je ne mens pas du tout!

11. L'enfant dort profondément.
12. Nous sortons. Sort-elle aussi?
13. Quand sert-on le café? — Tout de suite.
14. Sentez-vous grandir son (*his*) importance?
15. Il y a des hommes qui ne sortent jamais (*never*) de l'enfance.
16. Sors-tu maintenant? — Non, papa, je ne sors pas. Je ne sors pas du tout.
17. Je sens qu'il y a un Dieu (*God*). — La Bruyère
18. C'est le cœur (*heart*) qui sent Dieu et non la raison. — Pascal

15. AGREEMENT, FORM OF ADJECTIVES

In French, adjectives agree in *gender* and *number* with the nouns or pronouns they modify. An adjective may have four, three, or two forms:

1. Most adjectives have four forms:

m. sing.	petit	le petit garçon
m. plur.	petits	les petits garçons
f. sing.	petite	la petite fille
f. plur.	petites	les petites filles

2. Adjectives ending in s and x have three forms:

m. sing.	curieux	un homme curieux
m. plur.	curieux	des hommes curieux
f. sing.	curieuse	une femme curieuse
f. plur.	curieuses	des femmes curieuses

3. Adjectives ending in mute e (e without written accent mark) have only two forms:

m. sing.	facile	un livre (*book*) facile
m. plur.	faciles	des livres faciles
f. sing.	facile	une leçon (*lesson*) facile
f. plur.	faciles	des leçons faciles

Basic Vocabulary:

l'élève, m. and f., *pupil, student*
l'école, f., *school*

heureux, *happy*
vieux, m., vieille, f., *old*

Translate:

1. un livre intéressant, une leçon très courte, un bon élève, une bonne élève, de bons élèves, de grandes écoles, des fruits délicieux, un vieux monsieur, une vieille cathédrale, un vieil homme, une jeune fille heureuse, de longs voyages
2. L'homme n'est pas heureux.
3. Les vieilles femmes sont heureuses.
4. Les vieux livres sont intéressants.
5. Une petite école peut (*may*) être une bonne école.
6. Elle parle avec beaucoup de grâce sur un sujet frivole.
7. Les vieillards (*The aged*) sont la majesté du peuple. — Joubert

16. THE DEMONSTRATIVE ADJECTIVE

ce, cet, m. sing., *this, that*   ce garçon, cet homme
cette, f. sing., *this, that*   cette jeune fille
ces, m. or f. plur., *these, those* ces garçons, ces jeunes filles

As ce, cet, cette may mean *this* or *that* and ces may mean *these* or *those*, clearness, emphasis, or contrast is indicated by adding -ci[1] (literally, *here*) and -là (literally, *there*) to the noun:

ce garçon-ci	*this boy*
ce garçon-là	*that boy*
ces garçons-ci	*these boys*
ces garçons-là	*those boys*

Translate:

1. cet argent, cet hôtel, ce jeune homme, ce fruit-ci, ce

---

[1] Ci is short for ici, *here*.

pays-là, ces pays-là, cette ville, ces villes, cet argent-ci, cette enveloppe-ci, ce docteur-là, pour ce jeune homme-ci ou pour ce jeune homme-là? dans cette valise, avec cet homme-ci, sur ces chaises-là, sous cette table

2. Quelle jeune fille? — Cette jeune fille-ci.
3. Désirez-vous cette orange-ci ou cette banane-là?
4. Ces fruits sont délicieux.
5. Ce tigre est très féroce.
6. Ce lion-ci est majestueux.
7. Ces femmes-là sont un peu curieuses.
8. Il y a trop de sucre dans ce café. Il y en a peu (assez, beaucoup, tant).
9. N'y a-t-il pas trop de sel dans cette soupe?
10. Ces idées-là sont très dangereuses.
11. N'admirez-vous pas cette limousine?
12. Qui est cette femme qui parle beaucoup? — Quelle femme? — Cette femme-là.

Basic Vocabulary

actuel, *current, of the present day*	**son, sa, ses,** *his* or *her* or *its*
la loi, *law*	**le temps,** *time*
la moitié, *half*	**très,** *very*
par, *by, through*	**veiller à,** *to supervise*
sept, *seven*	

pronounce

Translate:

1. La France est une république. Elle est gouvernée par un président, un conseil des ministres ou cabinet et les deux chambres du pouvoir législatif. La Cinquième République, c'est-à-dire la république actuelle, date du cinq octobre
5 1958.

Le Parlement de la République Française comprend (*comprises*) l'Assemblée Nationale et le Sénat. Les députés de l'Assemblée Nationale sont élus au suffrage direct; le Sénat est élu au suffrage indirect. Le Parlement vote les lois du
10 pays.

Le pouvoir exécutif est confié au Président de la République et au Conseil des Ministres. Élu pour sept ans par un collège électoral, le Président a des pouvoirs très étendus (*broad*). Il est le chef des armées. Il choisit le Premier Ministre et, sur la proposition (*recommendation*) du Premier 15 Ministre, les autres membres du Conseil des Ministres. Il nomme aussi le Président du Conseil Constitutionnel (ce conseil veille à la régularité de l'élection du Président de la République) et il peut (*can*) dissoudre l'Assemblée Nationale. 20

La Cinquième République maintient les Droits (*Rights*) de l'Homme et du Citoyen qui ont été (*were*) proclamés au temps de la Révolution Française en 1789.

2. Les vertus qui forment le caractère d'un peuple sont souvent démenties (*subverted*) par les vices d'un particulier 25 (*individual*). — Voltaire

3. La vie humaine n'est qu'une illusion perpétuelle. — Pascal

4. La noblesse a un air aisé,[1] simple, précis, naturel. — Vauvenargues 30

5. La patience et l'amour, ce[2] sont les deux moitiés du génie. — Anatole France

17. PRESENT TENSE OF –RE (THIRD CONJUGATION VERBS

The present tense endings of most –**RE** verbs are -s, -s, —, -ons, -ez, -ent. These endings are attached to the *stem*, that is to say, after the –**RE** of the infinitive has been dropped:

vend~~re~~, *to sell*
je **vends**, *I sell* or *I am selling* or *I do sell*
tu **vends**
il **vend**

---

[1] Note that **ai** in French often gives *ea* in English: raison, saison, clair, défaite.

[2] See note 2, page 11.

> **nous vendons,** *we sell* or *we are selling* or *we do sell*
> **vous vendez**
> **ils vendent**

Basic Vocabulary

attendre, *to wait* or *to wait for*
perdre, *to lose*
rendre, *to render, to give back*
que, *which, that, whom*

entendre, *to hear* (figurative: *to understand*)
pourquoi, *why*
toujours, *always, still*

Translate:

1. il attend, vous perdez, je rends, ils n'attendent pas, elle vend, j'entends, nous rendons, tu perds, nous attendons, attendez-vous? n'attendez-vous pas?
2. il répond, je réponds, il ne répond pas, répondez-vous? ne répondent-ils pas?
3. Nous perdons patience.
4. J'attends les enfants. J'attends des enfants.
5. Il perd toujours de l'argent.
6. Dort-il? — Il dort toujours.
7. Marie attend sa mère.
8. Pourquoi ne répond-il pas? — Il ne répond pas parce qu'il n'entend pas. Il n'entend pas parce qu'il n'écoute pas.
9. Robert vend son automobile.
10. Ils perdent beaucoup de temps. Ils en perdent beaucoup, je vous assure. Ils en perdent tant. Ils en perdent autant que Paul.
11. On vend des fruits dans la rue (*street*).
12. J'entends des cris dans la rue.
13. L'enfant rend l'argent à son père.
14. L'hypocrisie est un hommage que le vice rend à la vertu.
    — La Rochefoucauld
15. Le menuet, monsieur, c'est la reine (*queen*) des danses, et la danse des Reines, entendez-vous? — Maupassant

Compare the Endings of the Regular Verbs:

First conjugation	Second conjugation	Third conjugation
Model: **trouver**	Model: **agir** Model: **sentir**[1]	Model: **vendre**

-e	-is	-s	-s
-es	-is	-s	-s
-e	-it	-t	—
-ons	-issons	-ons	-ons
-ez	-issez	-ez	-ez
-ent	-issent	-ent	-ent

18. THE IMPERATIVE

Except for the fact that the familiar second person singular of the first conjugation verbs drops the final s (but not before y and **en**), the imperative of the regular verbs is the same as the corresponding forms of the present indicative, without the pronoun subjects. Observe the English translation of the imperatives:

trouve	*find*	finis	*finish*
trouvons	*let us find*	finissons	*let us finish*
trouvez	*find*	finissez	*finish*

The imperative forms of most irregular verbs are identical with the corresponding forms of the present indicative. The three important exceptions to this are the imperatives of **avoir**, **être**, and **savoir** (*to know, to know how*). The exceptions are as follows:

learn

avoir		être		savoir	
aie	*have*	sois	*be*	sache	*know*
ayons	*let us have*	soyons	*let us be*	sachons	*let us know*
ayez	*have*	soyez	*be*	sachez	*know*

---

[1] Remember that the verbs conjugated like **sentir** (**mentir, partir, sortir, dormir, servir**) lose the final consonant of the stem in the singular only.

Translate:

1. Sachez les verbes!
2. vous cherchez, cherchez, vous ne cherchez pas, ne cherchez pas, aimons, écoutez, partons, ne dormez pas, travaille, ne mentez pas, attendons
3. Répondez au[1] professeur. Répondez à[1] ses questions.
4. Attends ici. Attends les amis de Paul.
5. Soyez intelligent.
6. Attendez Marie.
7. Attendez, Marie.
8. Maintenant, servons le dîner.
9. Agissons avec prudence.
10. Ne punissez pas les enfants trop sévèrement.
11. Soyons attentifs.
12. Servez le café tout de suite.   *immediately*
13. Ne mens pas!
14. Ayez du courage.
15. Travaillons toujours.
16. Ne rougissez pas.
17. Rendez l'argent à l'enfant.
18. Remplissez ce vase-ci.
19. Ayons un peu de modestie.
20. Sachons être prudents.

19. REFLEXIVE VERBS

A verb is called reflexive when it has a pronoun object, direct or indirect, which refers to the subject (*I wash **myself**, she says **to herself***). In English very few verbs are used reflexively; in French, many are.

A French reflexive verb consists of two parts, the verb itself and a reflexive pronoun. In the simple tenses the verb is conjugated like any other verb (**se trouver**, first conjugation;

[1] Notice that in French one answers *to* a person or *to* a question.

se punir, second conjugation; se rendre, third conjugation).
The reflexive pronoun takes the following forms: me, te, se,
nous, vous, se.

Observe that me, te, se become m', t', and s' before a vowel
(and also before silent h):

s'arrêter, *to stop*

je m'arrête, *I stop*, or *I am stopping* or *I do stop*
tu t'arrêtes
il s'arrête
nous nous arrêtons
vous vous arrêtez
ils s'arrêtent

The reflexive pronoun always stands before the verb except
in the imperative *affirmative* (affirmative command) when it
follows and is attached to the verb by a hyphen.

Compare:

Ils se flattent.	*They flatter each other.*
Vous aimez-vous?	*Do you love each other?*
Ne *vous* perdez pas!	*Don't get lost (Don't lose your-self)!*

But:

Amusez-*vous!*	*Have a good time (Amuse yourself)!*
Arrêtons-*nous!*	*Let's stop!*

20. MEANINGS OF THE REFLEXIVE

1. The reflexive pronoun may mean *oneself* (*myself, yourself,
himself, etc.*):

Elle s'accuse.	*She accuses herself.*
Il se punit.	*He punishes himself.*

2. The reflexive may have reciprocal force:

> **Ils s'accusent.** *They accuse each other.*[1]
> **Ils se flattent.** *They flatter each other.*[1]

3. The reflexive is sometimes used for the passive:

Ces livres se publient à Paris. *These books are published in Paris.*

4. The reflexive pronoun is sometimes not translated at all:

> **Il se marie.** *He gets married.*
> **Dépêchez-vous!** *Hurry!*

Basic Vocabulary

se trouver, *to be, to happen to be*	**fort,** *very* (lit., *strong*)
se sentir, *to feel*	**ceux,** *those*
s'endormir, *to fall asleep*	**aussitôt,** *immediately*
se tromper, *to be mistaken* (lit.,	**apporter,** *to bring*
to deceive oneself)	

Translate:

1. il s'endort, il dort, nous nous endormons, ils se trompent, vous vous trompez, vous ne vous trompez pas, ne vous trompez-vous pas? elle s'amuse
2. ils se parlent, ils s'aiment, vous aimez-vous? aimez-vous! ils s'endorment, elle s'arrête, vous arrêtez-vous? ne vous arrêtez pas!
3. ils se détestent, elles s'endorment, vous vous excitez, ne vous excitez pas! ils se parlent, ne se parlent-ils pas?
4. Il se sent mal. Vous sentez-vous bien?
5. Paris se trouve en France. Où se trouve Waterloo?
6. Elle se regarde dans le miroir.

---

[1] *Note:* Without sufficient context, each of these (and many other) reflexive constructions may have a double meaning. Whenever the context is not sufficiently clear, however, the writer will avoid ambiguity by adding a modifier:

> **Ils s'accusent *l'un l'autre*.** *They accuse each other.*
> **Ils se flattent *mutuellement*.** *They flatter each other.*
> **Ils se parlent *l'un à l'autre*.** *They speak to each other.*

7. Ils se regardent furtivement.
8. Elle apporte la soupe. Elle porte une belle robe.
9. Garçon, apportez le journal.
10. Qui (*He who*) s'excuse, s'accuse.
11. Ils se dupent mutuellement.
12. Elles se flattent l'une l'autre.
13. Je me figure (je m'imagine) qu'ils s'aiment.
14. Vous amusez-vous? Amusez-vous!
15. Ils se donnent des rendez-vous.
16. Ces phrases sont fort simples.
17. Les vertus se perdent dans l'intérêt comme les fleuves (*rivers*) se perdent dans la mer. — La Rochefoucauld
18. Ceux qui s'appliquent trop aux petites choses (*things*) deviennent ordinairement incapables des grandes. — La Rochefoucauld
19. Tant de choses se perdent en ce voyage de la tête (*head*) à la main (*hand*)! — Daudet
20. Un professeur interroge un jour (*day*) un jeune homme, à un examen de baccalauréat, sur la physique. Il lui pose une question fort simple, mais le jeune homme s'embarrasse et ne sait pas répondre. Le professeur, impatienté, dit à un huissier (*usher*) qui se trouve là: «Apportez une botte de foin (*bundle of hay*) à monsieur pour son déjeuner (*lunch*).» Le jeune homme, irrité avec raison de l'affront public, dit aussitôt à l'huissier: «Apportez-en deux, nous déjeunons ensemble.»

Basic Vocabulary

seul, *only, alone*
lorsque, *when*
la chose, *thing*
le monde, *world*

tout, *all, everything, every, the whole*
tout le monde, *everyone*

Translate:

1. tout l'argent, toute la vie, tous les fruits, toutes ces

choses-là, cet homme seul, lorsqu'il part, ils sont seuls, toute la ville, lorsqu'elle sert le dîner

2. Pauvre homme! Il est tout seul au monde.

3. Tout le monde admire ces choses-là.

4. Tout est dangereux ici-bas (*here below*), et tout est nécessaire. — Voltaire

5. La vanité n'entend raison que lorsqu'elle est contente. — Joubert

6. Tout se résume (*is summed up*) dans la femme, qui est toute la nature. — Michelet

7. On trouve de tout dans ce monde, et la variété des combinaisons est inépuisable (*inexhaustible*). — Grimm

8. Les livres d'histoire qui ne mentent pas sont tous fort maussades (*dull*). — A. France

9. L'idée de l'ordre en toutes choses, c'est-à-dire de l'ordre littéraire, moral, politique et religieux, est la base de toute éducation. — Joubert

10. Seul le silence est grand; tout le reste est faiblesse. — Vigny

Review 2 (SECTIONS 13–20)

Translate:

1. un mauvais professeur, le gouvernement actuel, les écoles primaires, des leçons difficiles, l'ancien maire de la ville, sans rougir, ces choses-là, dans ce monde-ci, un homme seul, il consent à tout

2. nous sortons, il ne ment pas, elle se punit, il sert, ils agissent, vous réussissez, choisissons, tu dors, tu t'endors, ils remplissent, il se sent mal, lorsque tu sors

3. Maintenant finissons ce travail-ci.

4. Vous ne perdez pas de temps, monsieur!

5. Il vend son automobile et sa bicyclette.

6. Ne vous abandonnez pas au désespoir.

7. Cet enfant attend ses parents.

8. Je quitte la ville. Je pars sans regret.

9. Il agit avec beaucoup de prudence.

10. Tout le monde aime les petits enfants.

11. Les bons élèves réussissent aux examens.

12. D'ordinaire ceux qui travaillent réussissent.

13. Je sors un moment. Je sors tout de suite. Sortez-vous aussi?

14. C'est une histoire qui ne finit jamais (*never*).
15. C'est un homme qui aime à s'écouter parler. Ayez de la patience. Soyez courageux. Sachez écouter.
16. Ils se réunissent souvent. Ils se réunissent le soir.
17. Lorsqu'il parle, il ment!
18. Pourquoi s'arrête-t-il toujours ici?
19. Vous vous trompez, monsieur. Cette leçon est fort simple.
20. Garçon, apportez du thé à mademoiselle.
21. Elles ne s'aiment pas. Elles se détestent. Elles se dupent l'une l'autre.
22. Ce médecin (docteur) est un très grand charlatan.
23. Écoute! J'entends les enfants. — Où sont-ils?
24. Il parle bien. Il choisit ses mots avec soin (*care*).
25. Ces vieux messieurs sont très heureux.
26. Messieurs, ayons un peu de patience.
27. Il a autant de pouvoir que son prédécesseur.
28. Nous sommes sûrs qu'il ne ment pas du tout.
29. Quand part le train? — Il part à trois heures et quart.
30. Où se trouve Trafalgar?
31. Je rends toujours l'argent que je dois (*owe*).
32. Le mot *paix* (*peace*), dit un vieil auteur, remplit la bouche (*mouth*).
33. La Seine divise Paris en deux parties. On appelle (*calls*) la partie qui se trouve au sud du fleuve la Rive Gauche (*Left Bank*). La partie qui se trouve au nord du fleuve s'appelle la Rive Droite.
34. Tout est bien qui finit bien, dit Shakespeare.

Part 3

21. THE POSSESSIVE ADJECTIVE

The possessive adjective has the following forms:

m. sing.	f. sing.	m. and f. plur.	
mon	ma	mes	*my*
ton	ta	tes	*your*
son	sa	ses	*his, her, its*
notre		nos	*our*
votre		vos	*your*
leur		leurs	*their*

Note:

The possessive adjective is always of the same *gender* and *number* as the noun it modifies:

Robert a son livre.   *Robert has his book.*
Marie a son livre.   *Mary has her book.*

There is one exception to this: The masculine **mon, ton, son** are used instead of ma, ta, sa before feminine words beginning with a vowel or silent **h**.

mon école (f.), *my school*
ton histoire (f.), *your story*

Translate:

1. nos idées, vos projets, leur père, leurs enfants, votre expérience, nos roses, leurs oranges, ton argent, tes élèves, votre histoire, sans leur cousine
2. ses choses, notre pays, leur ville, ses parents, mon professeur, son école, son histoire, vos cousins, leur accident, sous votre table
3. N'avez-vous pas mon adresse à Chicago?
4. Il raconte son histoire à son fils.
5. Elles finissent leur travail.
6. Elle ne punit pas ses enfants.
7. Les amis de nos amis sont nos amis. Mais . . . qui sont vos amis?
8. Vous vous flattez, mon ami.
9. Il parle à son fils. Il parle à ses fils.
10. Elles passent tout leur temps à se regarder dans le miroir.
11. Pourquoi ne finis-tu pas ton travail?
12. Elle étudie sa leçon d'algèbre avec ses amies.
13. Nos plus sûrs protecteurs sont nos talents. — Vauvenargues
14. Je sens mon cœur (*heart*). — J.-J. Rousseau

Basic Vocabulary

l'être, m., *being*	presque, *almost*
le moyen, *means*	il s'agit de, *it is a question of,*
si, *if*	*it concerns*
pourquoi, *why*	aller, *to go*

Translate:

1. presque toujours, presque tous les livres, ce moyen, par ce moyen-ci, cet être, ces êtres, il s'agit de cette affaire, presque tout le monde, le seul moyen

2. Il ne s'agit pas d'argent. Il s'agit d'être heureux.
3. En Amérique presque tous les parents obéissent à leurs enfants.
4. Paris a presque quatre millions d'habitants.
5. Si nous résistons à nos passions, c'est plus par leur faiblesse que par notre force. — La Rochefoucauld
6. L'art n'est qu'une sympathie.
   C'est une sympathie dans le sens étymologique du mot. Nous voulons (*want*), avec d'autres êtres, sentir, souffrir, aimer, et nous allons au théâtre pour trouver, par ce moyen, l'exaltation de notre personnalité. La représenta- ⁵ tion des actes d'autrui (*others*) évoque en nous, par la joie et la peine, une vie plus intense dans un plaisir d'orgueil (*pride*). — Brieux
7. *L'Abbé* — Je m'explique pourquoi Jésus maudissait (*cursed*) les riches!
   Jean (*à l'abbé*) — Il ne s'agit pas de savoir s'il y a de l'argent bien ou mal gagné, mais de répondre à cette question: d'où sort la richesse? Vous prétendez que c'est ⁵ des mains de l'ouvrier (*worker*). Moi, je soutiens qu'avec ses appétits l'ouvrier produit plus de richesses qu'avec ses bras (*arms*). — *Le Repas du Lion*, Curel (Reprinted by permission of ÉDITIONS ALBIN MICHEL)
8. C'est la fantaisie passagère des hommes qui met (*sets*) le prix à ces choses frivoles . . . c'est elle qui excite l'industrie, entretient (*keeps up*) le goût, la circulation, et l'abondance. — Voltaire

22. PRESENT TENSE OF faire (*to do, to make*), aller (*to go*)

faire, *to do, to make*		aller, *to go*	
fais	faisons	vais	allons
fais	faites	vas	allez
fait	font	va	vont

Note:

    1. **Faire** is one of the most common French verbs. It has two basic meanings, *to do,* and *to make;* but it is used in many idiomatic expressions with different meanings:

> **Quel temps fait-il?**
> *How is the weather?* or
> *What is the weather like?*
> **Il fait chaud (froid,** *etc.***)**
> *It is warm (cold, etc.) weather.*
> **Elle fait une promenade.**
> *She is taking a walk.*
> **Ces souliers me font mal.**
> *These shoes hurt me.*

(Another important construction of **faire** will be discussed later.)

    2. **Aller** may signify motion or, when followed by an infinitive, futurity.

> (motion) **Je vais à l'école.**
> *I go to school.*
> (futurity) **Je vais étudier ce soir.**
> *I am going to study this evening.*

Translate:

1. je vais, nous faisons, faisons, il fait, elle va, allez, ils vont, elles font, faites, nous allons, nous allons partir, elle va rougir, ne faites pas, ils vont étudier
2. Quel temps fait-il? Fait-il froid ou fait-il frais?
3. Maintenant, faisons l'analyse de ce paragraphe.
4. Robert fait du latin. Quel professeur fait ce cours de latin?
5. Le garçon va étudier pour l'examen.
6. Faites-vous des recherches? — Oui, je fais des recherches sur les vitamines.

7. Le bon citoyen fait son devoir (*duty*).
8. Ils ont du talent. Elle fait un poème. Il fait un tableau.
9. Il sort. Il va faire une promenade.
10. Elle part. Elle va faire un voyage.
11. Elle fait la charité aux pauvres.
12. Nous allons au cinéma. N'allez-vous pas en ville?
13. Paul étudie la musique. Il se fait musicien.
14. Ces pays-là se font la guerre (*war*).
15. Les bons professeurs font de bons élèves.
16. [Le héros[1] romantique]: Je suis une force qui va. — Hugo
17. Les coquettes se font honneur d'être jalouses de leurs
    amants pour cacher (*hide*) qu'elles sont envieuses des
    autres femmes. — La Rochefoucauld

Basic Vocabulary

la loi, *law*
la terre, *earth, land, world*
sinon (= si + non), *if not*

ne ... jamais (or jamais ...
ne), *never*

Translate:

1. cultiver la terre, sous la terre, la loi naturelle, la loi
   morale, la loi de la pesanteur (*gravity*)
2. Un projet de loi est une loi proposée ou, en anglais, un
   «*bill.*»
3. Il ne va jamais au cinéma.
4. Cet homme est seul sur la terre.
5. Le luxe va rarement sans les sciences et les arts, et jamais
   ils ne vont sans lui (*it*). — J.–J. Rousseau
6. Qui dispense la réputation? Qui donne le respect et la
   vénération aux personnes, aux ouvrages (*works*), aux lois,
   aux grands, sinon cette faculté imaginante. Toutes les
   richesses de la terre sont insuffisantes sans son consente-

---

[1] In a few words **h** is aspirate; that is to say, while not pronounced, it
prevents both linking and elision.

5   ment . . . L'imagination dispose de tout; elle fait la
     beauté, la justice et le bonheur (*happiness*) qui est le tout
     du monde. — Pascal

23. SOME PRONOUN OBJECTS

The following are common direct object pronouns:

> **le,** *him* or *it*
> **la,** *her* or *it*
> **l',** *him* or *her* or *it*
> **les,** *them*

The position of these pronouns is usually before the verb.
They also precede **voici** and **voilà.** In the imperative *affirma-*
tive (affirmative command) they follow the verb and are attached to it by a hyphen; *In neg., le goes after ne, before verb.*

Je la vends.	*I sell it.*
Le fait-il?	*Is he doing it?*
Nous les admirons.	*We admire them.*
Les voici.	*Here they are* (literally, *see them here*).
(Où est Marie?) La voilà.	*There she is* (literally, *see her there*).

But:

> **Apportez-les.**   *Bring them.*
> **Remarquez-le bien.**   *Notice it well.*

Translate:

1. admirons-le, elle le mérite, il la vend, nous les cherchons, nous en cherchons, les voilà, il le refuse, en voici,
   changez-les
2. Où est Paul? Elle l'attend.
3. Elle inspire du courage. On l'aime beaucoup.
4. Avez-vous mes livres? — Je ne les ai pas. Les voilà sur la
   chaise.

5. Finit-il son travail? — Il le fait maintenant.
6. Cherchez-vous la gloire? Ne la cherchez pas.
7. Il parle très bien. On l'écoute attentivement.
8. Où est le journal? Ah! le voilà.
9. Lorsque une pensée (*thought*) est trop faible pour porter une expression simple, c'est la marque de[1] la rejeter. — Vauvenargues
10. Il est aisé de critiquer un auteur, mais il est difficile de l'apprécier. — Vauvenargues

24. THE IMPERFECT TENSE

The endings of the imperfect are the same for *all* verbs. They are **-ais, -ais, -ait, -ions, -iez, -aient**. In the regular and most of the irregular verbs these endings are attached to the *stem*, that is to say after the endings **-er, -ir, -re, -oir** have been dropped, thus:

trouver	avoir
trouvais	avais
trouvais	avais
trouvait	avait
trouvions	avions
trouviez	aviez
trouvaient	avaient

In some cases the stem is irregular. Thus the stem of **être** is **ét** (**étais**, *etc.*), that of faire is **fais** (**faisais**, *etc.*), and that of the second conjugation verbs, model **agir**, adds **iss** before the endings (**réussissais, choisissais,** *etc.*).

The imperfect has three possible meanings. Thus **je donnais** may mean *I was giving* or *I used to give* or *I gave*, depending on the context.

---

[1] Certain expressions require **de** before the infinitive.

Translate:

1. je trouvais, vous agissiez, elle parlait, nous perdions, vous travailliez, ils attendaient, écoutait-il? il mentait, vous rougissiez, j'étais, nous avions, elle allait, vous faisiez

2. nous nous arrêtions, vous vous punissiez, elle se dépêchait, ils s'accusaient, nous nous aimions, vous vous sentiez mal, je me trompais

3. Elle trouvait souvent des fleurs sur la table.

4. Le chat était sous la chaise.

5. Ne parlait-elle pas avec son amie?

6. Nous faisions une promenade. Nous allions en ville.

7. Quel temps faisait-il? — Il faisait mauvais. Souvent il faisait froid.

8. Elle agissait toujours avec beaucoup de prudence.

9. Nous sortions très peu. Ils ne sortaient pas du tout.

10. Il étudiait la musique. Elle étudiait la peinture.

11. Le professeur X faisait le cours de logique.

12. Ces pays se faisaient la guerre.

13. Il le regardait furtivement.

14. Vous perdiez votre temps, mon ami.

15. Faisiez-vous des recherches? — J'en faisais. J'en faisais peu (assez, beaucoup, tant, trop, autant que les autres).

16. La petite fille n'avait que quatre ans. Le garçon en avait six.

17. Il faisait du bien à tout le monde, et tout le monde l'aimait.

18. Il s'endormait tout de suite, mais il dormait mal.

19. J'étais sûr qu'il se trompait.

20. Les juges avaient la patience de la certitude. — Lamartine

Basic Vocabulary

le jour (la journée), *day*
enseigner, *to teach*

la fois, *time* (but la foi, *faith*)
environ, *about*

jouer, *to play* (but jouir, *to en-*　　attirer, *to attract* (but s'attirer
joy)　　　　　　　　　　　　　　*to draw upon oneself*)

Translate:

1. deux fois, trois fois, la première fois, cette fois, la foi, sa foi, un homme de foi, digne (*worthy*) de foi, digne de son professeur, (elle est) digne de sa mère

2. environ cinq ans, ce jour-là, toute la journée, six jours, tous les jours, un de ces jours, d'un jour à l'autre, de jour en jour

3. il attire, il s'attire, nous nous attirions, vous enseignez, vous enseigniez, il joue, ils jouent, nous jouons, nous jouions, il jouit, ils jouissent, vous jouissiez, jouissez-vous?

4. Il enseigne mais il n'est pas professeur.

5. Le garçon jouait toute la journée.

6. Elle enseignait le français. Enseigniez-vous la psychologie?

7. Il s'agit d'environ un million de dollars.

8. La beauté ne dure qu'un jour.

9. Cette comédie attire un grand public.

10. La fortune attire presque toujours l'envie.

11. Elle s'attire le blâme de tout le monde.

12. Cet auteur s'attire des critiques très sévères.

13. Les enfants aiment jouer à la balle. Ils aiment aussi jouer aux soldats.

14. Nous jouons au tennis.

15. Le jour il travaillait; le soir il jouait aux cartes.

16. Marie joue du piano, et son frère (*brother*) joue de la clarinette.

17. A ce moment-là il jouissait d'une bonne santé (*health*). Il jouissait de toutes ses facultés.

18. Vous jouissez d'une bonne réputation. Jouissez-vous aussi de la faveur de ce monsieur?

19. Il était très vieux, mais il travaillait tous les jours.

20. Le joueur de violon Salomons, qui donnait des leçons
au roi d'Angleterre, George III, disait un jour à son
auguste écolier: «Les joueurs de violon peuvent (*may*)
se diviser en trois classes. A la première appartiennent

5   ceux qui ne savent pas (*cannot*) jouer du tout; à la seconde
ceux qui jouent mal, et à la troisième ceux qui jouent
bien. Votre Majesté s'est déjà élevée (*has already risen*)
jusqu'à la seconde classe.»

21.   Madame la baronne, qui pesait (*weighed*) environ trois
cent cinquante (350) livres, s'attirait par là une très
grande considération, et faisait les honneurs de la maison avec une dignité, qui la rendait encore plus respec-

5   table. Sa fille Cunégonde, âgée de dix-sept (17) ans,
était haute en couleur (*rosy-cheeked*), fraîche, grasse, ap-
pétissante. Le fils du baron paraissait (*appeared*) en tout
digne de son père.

Le précepteur Pangloss était l'oracle de la maison, et
10 le petit Candide écoutait ses leçons avec toute la bonne
foi de son âge et de son caractère. Pangloss enseignait
la métaphysico-théologo-cosmolonigologie. Il prouvait
admirablement qu'il n'y a pas d'effet sans cause, et que,
dans ce meilleur (*best*) des mondes possibles, le château
15 de monseigneur le baron était le plus beau des châteaux,
et madame la meilleure des baronnes possibles. —
Candide, Voltaire

25. COMPARISON OF ADJECTIVES AND ADVERBS

1. In French the comparison of adjectives and adverbs is
expressed, with but few exceptions, by:

plus	(*more*)	
moins	(*less*)	before
aussi	(*as*)	
si	(*so*)	
and **que**	(*than, as*) after the adjective or adverb.	

Marie est *plus* grande *que* sa mère.
Mary is taller than her mother.

Louise est *moins* jolie *que* Marie.
Louise is less pretty than (not as pretty as) Mary.

Paul est *aussi* riche *que* Robert.
Paul is as rich as Robert.

Hélène n'est pas *si* intelligente *que* Marie.
Helen is not so intelligent as Mary.

Ce garçon-ci parle français *plus* facilement *que* ce garçon-là.
This boy speaks French more easily than that boy.

2. The superlative of adjectives and adverbs is recognized
   by the definite article before the comparative form:

> C'est *la* plus grande ville du monde.
> *It's the biggest city in the world.*
>
> C'est le livre *le* plus intéressant de l'année.
> *It's the most interesting book of the year.*

Note that if the adjective follows the noun (second
example), the definite article occurs twice.

3. A few adjectives and adverbs are compared irregularly:

bon (*good*)	**meilleur** (*better*)	**le meilleur** (*best*)
bien (*well*)	**mieux** (*better*)	**le mieux** (*best*)

Translate:

1. Paul est plus petit que son père.
2. Il parlait plus souvent que M. X.
3. Louis est aussi grand que Paul, mais Paul n'est pas si
   grand que Robert.
4. C'est la réunion la plus importante de l'année (*year*).
5. Paris est la ville la plus intéressante de la France.
6. Notre-Dame de Paris est une des églises les plus an-
   ciennes de l'Europe.
7. On se confie le plus souvent par vanité, par envie (*desire*)

de parler, par le désir de s'attirer la confiance des autres, et pour faire un échange de secrets. — La Rochefoucauld

8. Le fruit du travail est le plus doux (*sweet*) des plaisirs. — Vauvenargues

9. L'homme n'est qu'un roseau (*reed*), le plus faible de la nature; mais c'est un roseau pensant (*thinking*). — Pascal

10. Les hommes les plus féroces s'amollissent (*soften*) devant la faiblesse, la beauté, l'enfance. — Lamartine

11. La nature est plus belle que l'art. — Buffon

12. Plus fait douceur (*gentleness*) que violence. — La Fontaine

13. Un sot (*fool*) trouve toujours un plus sot qui l'admire. — Boileau

14. Un sot savant est plus sot qu'un sot ignorant. — Molière

15. Les sots sont ici-bas pour nos menus plaisirs. — Gresset

26. PRESENT TENSE OF vouloir (*to wish*), pouvoir (*to be able*)

vouloir, *to wish, want, desire*	pouvoir, *to be able, can, may*
veux	peux (or puis)
veux	peux
veut	peut
voulons	pouvons
voulez	pouvez
veulent	peuvent

Note:

Veuillez, a special form of the imperative of vouloir, means *please* or *have the kindness to:*

Veuillez vous asseoir.
Please sit down (Be so kind as to sit down).

Basic Vocabulary

vouloir bien, *to be willing, to be kind enough to*

vouloir dire, *to mean*

que? or **qu'est-ce que?** *what?*

Translate:

1. je veux, il peut, vous ne pouvez pas, elle pouvait, nous pouvions, ils veulent, ils ne voulaient pas, je veux bien, puis-je? il voulait bien, nous pouvons, vous pouviez, je ne puis pas
2. Ceux qui veulent, peuvent.
3. Elle voulait sortir un instant.
4. Nous ne pouvons pas nous arrêter ici.
5. Il ne peut pas le faire tout seul. Voulez-vous bien l'aider? — Je veux bien.
6. Quel homme! il ne veut pas écouter sa femme!
7. Puis-je aller au cinéma maintenant?
8. Veuillez entrer, monsieur.
9. Que veut-il? Que veut-il dire?
10. Elle pouvait le faire.
11. Qu'est-ce que vous regardez?
12. Ne pouviez-vous pas le faire?
13. Monsieur X est avare; je veux dire qu'il est économe.
14. Quel est le proverbe anglais qui correspond à: *Vouloir c'est pouvoir?*
15. (In this and the following sentence observe the word order but express in good English as usual): **La mère de Paul veut-elle aller en ville?**
16. **Le meilleur des hommes peut-il se flatter à sa mort** (*death*) **de n'avoir jamais causé aucun mal** (*any harm*)? — A. France

27. THE PAST PARTICIPLE

The past participle of the regular verbs ends in **-é, -i, -u** (trouver, *trouvé;* agir, *agi;* sentir, *senti;* vendre, *vendu*).

The past participle of a French verb has, literally, the same meaning as its English equivalent. Thus, **donné,** *given;* **senti,** *felt; etc.*

The past participles of the irregular verbs studied so far are:

avoir	eu, *had*
être	été, *been*
faire	fait, *made* or *done*
vouloir	voulu, *wished* or *wanted*
pouvoir	pu, *been able*

In French, as in English, the past participle has two uses. It may be used as an adjective (agreeing like an adjective: **du temps perdu, une femme préoccupée,** *etc.*) and as part of the verb to make the compound tenses.

28. THE PAST INDEFINITE

The past indefinite is a compound tense. It consists of the present of the auxiliary (**avoir** or **être**) plus the past participle:

> **j'ai donné**
> **tu as donné,** *etc.*

> **je suis arrivé** (or **arrivée**, if **je** is feminine)
> **tu es arrivé** (or **arrivée**, if **tu** is feminine), *etc.*

> **je me suis arrêté** (or **arrêtée**)
> **tu t'es arrêté** (or **arrêtée**)

The past indefinite has three possible translations. For example, **j'ai donné** may be translated by *I have given* or *I gave* or *I did give;* **je suis arrivé** by *I have arrived* or *I arrived* or *I did arrive;* **je me suis arrêté,** *I have stopped* or *I stopped* or *I did stop.*

It follows from this that the right translation must be determined as usual by the context. For example, **J'ai quitté la ville** may be translated word for word, *I have left the city;* but **J'ai quitté la ville hier** cannot be so translated since *I have left the city yesterday* is not good English.

Translate:

1. j'ai été, il a pu, nous avons fait, elle a eu, vous avez voulu, ils n'ont pas eu, tu as été, vous avez pu

2. il est sorti, Paul est parti, elle a dormi, vous avez perdu, avez-vous vendu? elle a menti, vous vous êtes dépêché, vous êtes-vous trompé? nous avons fini

3. Elle a rempli le vase.

4. Ils ont été à New York.

5. Vous avez pu le faire.

6. Ils ont fait leur possible.

7. Je suis certain qu'il a menti.

8. Elle a voulu aller à Chicago.

9. Combien de temps avez-vous passé à Paris?

10. A quel siècle a-t-on construit cette cathédrale?

11. Ils ont été punis de leur crime.

12. Tu n'as pas réussi à l'examen?

13. L'université de Paris a été fondée en l'an 1200.

14. La science française a rendu de grands services à l'humanité. Les découvertes scientifiques de Pasteur, par exemple, ont révolutionné la médecine, l'hygiène, l'agriculture. Il a trouvé le moyen de combattre les maladies contagieuses par la vaccination. Lavoisier et Berthelot   5 sont les fondateurs de la chimie moderne, Claude Bernard de la physiologie et de la médecine expérimentale. Henri Becquerel a découvert que l'uranium était radioactif. Laënnec a inventé le stéthoscope . . .

15. (Observe the agreement of the past participle):

    a. Marie est sortie. Où est-elle allée?

    b. Ils se sont trompés.

    c. Elles sont allées au cinéma.

    d. Elle s'est arrêtée ici.

    e. Nous nous sommes trouvés seuls.

    f. Vous êtes entré (or entrés, or entrée, or entrées, depending on the gender and number of vous).

    g. Avez-vous trouvé les livres? Je les ai trouvés.

    h. A-t-il fini sa leçon? Il l'a finie.

    i. Qui a choisi ces choses-là? C'est lui (he) qui les a choisies.

Note:

> The rules of the agreement of the past participle are as follows: When the auxiliary is être and the verb is not reflexive, the past participle agrees in *gender* and *number* with the subject. In all other cases the past participle agrees with the *preceding* direct object.

Basic Vocabulary

quelque, *some, any, a few*
quelquefois (= quelque + fois), *sometimes*
grâce à, *thanks to*

comme, *like, as, how*
utile, *useful*
dont, *whose, of whom, of which*

Note:

1. When spelled with an s, quelque usually means *a few* (quelques amis, *a few friends*).
2. When introducing an exclamation, comme usually means *how* (Comme il est gentil! *How nice he is!*).

Translate:

1. la lettre dont il parle, grâce à ce monsieur, quelque chose, quelque jour, quelques jours, comme il veut, le jeune homme dont nous parlions, très utile, grâce aux soins (*cares*) de leur mère, la phrase dont vous faites l'analyse
2. Faites comme vous voulez, monsieur.
3. Quelquefois elle va en ville avec sa mère.
4. Adressons-nous à quelque autre personne.
5. Quel beau jour! Comme il fait beau!
6. Elle rougit comme une pivoine (*peony*).
7. J'ai souffert souvent, je me suis trompé quelquefois, mais j'ai aimé. — Musset
8. Quelques crimes toujours précèdent les grands crimes. — Racine
9. Les passions sont les seuls orateurs qui persuadent

toujours. Elles sont comme un art de la nature dont les
règles sont infaillibles; et l'homme le plus simple qui a
de la passion persuade mieux que le plus éloquent qui
n'en a point (*at all*). — La Rochefoucauld

10. La cour (*royal court*) est comme un édifice bâti de marbre:
je veux dire qu'elle est composée d'hommes fort durs,
mais fort polis. — La Bruyère

11. La parole (*speech*) a été donnée à l'homme pour déguiser
la pensée. — attributed to Talleyrand

12. Le programme de l'école primaire [du Saskatchewan],
qui a été révisé en 1941, reflète les conceptions péda-
gogiques modernes. Il vise (*aims*) en effet à développer
la vie physique, intellectuelle, affective, spirituelle et
sociale de l'enfant. Il est assez souple pour donner aux 5
maîtres toute latitude de l'adapter aux exigences ac-
tuelles. Grâce aux suggestions toujours utiles fournies
par les inspecteurs et les maîtres, il est possible de renouveler constamment les manuels et le matériel didactique.
— *Annuaire, 1946, p. 34.*

29. IRREGULAR PLURALS OF NOUNS AND ADJEC-TIVES

a. As stated in SECTION 15, adjectives ending in s and x
remain unchanged in the *masculine* plural (un livre
français, des livres *français*). Nouns ending in s, x, and
z remain unchanged in the plural, too.

le pays, les pays	*the country, the countries*
le choix, les choix	*the choice, the choices*
le nez, les nez	*the nose, the noses*

b. Except in rare cases, nouns and adjectives ending in -au,
-eu, and -ou form their plurals by adding x.

le tableau, les tableaux	*the picture, the pictures*
le lieu, les lieux	*the place, the places*

> le genou, les genoux   *the knee, the knees*
> beau, beaux   *beautiful*

c. Nouns and adjectives ending in **-al** change **-al** to **-aux.**

> le cheval, les chevaux[1]   *the horse, the horses*
> national, nationaux   *national*

d. The plural of **œil** (*eye*) is **yeux** and the plural of **ciel**
(*sky, heaven*) is **cieux.**

Translate:

1. un nez rouge, leur choix, ce lieu, un grand pays, mes
   genoux, leurs chevaux, les cheveux de Paul, les journaux,
   ses gros yeux, grâce au ciel, dans l'œil, ces lieux-là
2. Les geais (*jays*) sont des oiseaux.
3. Les oiseaux ont les yeux plus grands que les autres
   animaux.
4. Quels beaux yeux noirs!
5. Les amis de Robert sont très loyaux.
6. Le pluriel de *travail* est *travaux.*
7. Il parlait à son fils.
8. Elle était avec ses fils.
9. Il la regardait dans les yeux.
10. Quelle est la couleur de ses yeux?
11. Le ciel était couvert (*overcast*).
12. Elle a choisi une bonne carrière. J'applaudis son choix.
13. Le mercure et le zinc sont des métaux.
14. Regarder quelqu'un sous le nez veut dire regarder une
    personne fixement.
15. La Chine et le Japon sont des pays orientaux.
16. Napoléon et Wellington étaient de grands généraux.
17. L'absence est le plus grand des maux (*evils*). — La
    Fontaine
18. Les mortels sont égaux; leur masque est différent. —
    Voltaire

---

[1] Do not confuse with **cheveux,** *hair.*

Basic Vocabulary

le fait, *fact*

ne . . . plus, *no more, no longer*

aujourd'hui, *today*

servir de, *to serve as* (se servir
  de, *to use*)

il faut, *one must, it is necessary*

appeler,[1] *to call* (s'appeler,[1] *to
  be called, be named*)

Translate:

1. le fait est, les faits les plus importants sont, il appelle, il
   s'appelle, il faut partir, il faut le faire aujourd'hui, les
   enfants d'aujourd'hui, il sert, il se sert de

2. Je n'ai plus d'argent. Je n'en ai plus.

3. D'ordinaire il se sert de l'auto de son père. Aujourd'hui
   il s'est servi de mon auto.

4. Voici la salade; servez-vous, monsieur.

5. Voici les faits principaux que nous avons observés.

6. L'étude des cristaux s'appelle *cristallographie*.

7. Dans la vie il faut souvent choisir entre deux maux.

8. Il sert de guide aux touristes.

9. Je me sers d'animaux pour instruire les hommes. — La
   Fontaine

10. Il y a des lieux où il faut appeler Paris Paris, et d'autres
    où il faut l'appeler capitale du royaume. — Pascal

11. Tout sert de prétexte aux méchants (*wicked*). — Voltaire

12. Mais de toutes les vitamines, c'est le facteur D qui a
    donné lieu aux travaux les plus importants: disons (*let
    us say*) tout de suite qu'il représente le fixateur le plus
    actif du calcium.

    L'épreuve de rachitisme expérimental va nous en 5
    montrer (*show us*) l'importance. Des rats, jeunes, sont
    placés dans l'obscurité et soumis à un régime alimentaire
    complet, — complet du point de vue énergétique, —

---

[1] Some forms of appeler are spelled with double l:

Comment vous appelez-vous? — Je m'appelle Jean.
What is your name? — My name is John.

complet du point de vue minéral: des sels de calcium
10   sont largement administrés; seul le phosphore en est
éliminé.

Rapidement le rat, qui ne cesse de croître (*grow*)
présente les symptômes classiques du rachitisme...

Du pouvoir calcifiant de la vitamine D, il n'est plus
15   permis de douter aujourd'hui. On sait (*knows*) fort bien,
en effet, que si l'on[1] administre à un lapin adulte une dose
élevée d'ergostérol irradié, on déclenche chez lui (*starts
in him*), avec une rapidité et une intensité qui étonnent,
un athérome artériel[2] des plus prononcés; des dépôts
20   calcaires se forment dans l'aorte, dans les vaisseaux et
dans les reins (*kidneys*). — Léon Binet (Reprinted by permission of the author)

---

[1] The article before **on** is not to be translated. It is used for the sound
(to avoid pronouncing two vowels in succession).

[2] **Athérome artériel**, *atheroma*, a fatty degeneration of the arterial walls.

Review 3 (SECTIONS 21–29)

Translate:

1. il avait, il y avait, il a eu, il y a eu, vous étiez, ils ont été, elle a fait, vous avez voulu, nous avons pu, ils font, je ne puis pas, il fait, il faut, il s'agit de, il s'agissait de, il s'est agi de, elle va

2. ils jouent, ils jouissent, il attire, il s'attirait, elle ne portait pas, vous apportiez, elles se saluaient, ils se sont réunis, elle a réussi, vous vendiez, a-t-il fini? elle agissait, ils se sont trompés, il enseigne, il appelle, il s'appelle

3. le fait, s'il fait, très utile, grâce à leurs amis, tous les jours, tous les deux jours, il n'apporte plus, nous étions seuls, son mérite, leur travail

4. le livre dont il parle, le garçon dont nous parlions, presque sans le vouloir, ce moyen, comme l'autre fois, toute la journée, de beaux chevaux, ses beaux cheveux

5. Il appelle Henri. Il s'appelle Henri.

6. Examinons les faits. De quoi (*what*) s'agit-il? Il s'agit de bien enseigner.

7. Qu'est-ce qu'il fait? Que va-t-il faire aujourd'hui?

8. Il est trop vieux. Il ne travaille plus.

9. Puis-je sortir maintenant?
10. Avez-vous regardé les nouveaux chapeaux?
11. Quand il était jeune, il vendait des journaux.
12. Qui (*He who*) veut, peut.
13. Les astronomes se demandent s'il y a des êtres intelligents sur les autres planètes!
14. Elle ne voulait pas le dire.
15. Voici des fruits; veuillez vous servir, monsieur.
16. Il s'est servi du Kodak.
17. Voulez-vous bien servir le café maintenant?
18. Ils ne sortent jamais. Je ne les ai jamais vus en ville.
19. Il se sentait mal. Il dormait très peu.
20. Combien de temps a-t-il passé à Paris?
21. Paul fait des recherches sur les minéraux.
22. Il répétait «les faits sont les faits.» — Quels faits? Que voulait-il dire?
23. Quelquefois elle s'arrêtait devant le restaurant.
24. Pauline travaillait toute la journée.
25. D'ordinaire il faisait une promenade en automobile.
26. Nous trouvions toujours le temps de les aider.
27. Ils ont voulu partir de bonne heure (*early*).
28. Nous avons pu le faire sans l'aide de M. Lenoir.
29. Avez-vous dîné au restaurant? — Non, je ne suis pas sorti.
30. Il a consulté un homme de loi, c'est-à-dire qu'il a consulté un avocat.
31. Elle inspirait du courage à tout le monde, et tout le monde l'aimait.
32. Si elle passe devant un miroir, elle se regarde.
33. Monsieur le sénateur a présenté un projet de loi sur ce sujet-là.
34. Cet auteur attire l'attention du public, mais les critiques ne l'aiment pas.
35. Il a fait fortune. Il va en Europe presque tous les ans.
36. Quand je suis entré, ils jouaient aux cartes.

37. Il joue du piano. Il sert de maître à son fils.
38. Si tout n'est pas bien, tout est passable. — Voltaire
39. Nous avons tous assez de force pour supporter les maux
    (*misfortunes*) d'autrui. — La Rochefoucauld
40. Je chante (*sing*) les héros dont Ésope est le père. — La
    Fontaine
41. Le superflu, chose très nécessaire,
    A réuni l'un et l'autre hémisphère. — Voltaire

$\mathcal{P}art\ 4$

30. SOME IRREGULARITIES OF **savoir** (*to know, to know how*), **recevoir** (*to receive*)

The present indicative of **savoir** and **recevoir** are as follows:

savoir, *to know, to know how*	recevoir, *to receive*
sais	reçois
sais	reçois
sait	reçoit
savons	recevons
savez	recevez
savent	reçoivent

The past participle of **savoir** is <u>su</u>, that of **recevoir** is reçu.

Note:

1. Like **recevoir** are conjugated
apercevoir, *to perceive*
s'apercevoir (**de**), *to notice, to become aware* (*of*)
concevoir, *to conceive*
décevoir, *to deceive, to disappoint*

2. The past indefinite of **savoir** very often has the meaning of *learned, found out:*

J'ai su qu'elle était malade.
I learned (or *found out*) *that she was sick.*
3. Remember that the imperative of **savoir** is irregular:
sache, sachons, sachez.

Translate:

1. vous savez, vous saviez, sait-il? je conçois, elle a reçu, ils
savaient, ils reçoivent, ils s'aperçoivent, ne le décevez
pas, nous nous apercevons, je reçois
2. Savez-vous son adresse? Sachez-la!
3. Madame ne reçoit pas aujourd'hui.
4. Concevez-vous des doutes sur ses intentions?
5. Elle recevait des lettres tous les jours.
6. C'est un homme qui «sait» tout. Il juge de tout et de tous.
7. Ces choses-là se conçoivent presque sans effort.
8. N'avez-vous pas reçu de lettres de Paul?
9. Nous avons conçu des soupçons contre cet homme.
10. Les soldats ont aperçu l'ennemi.
11. Paul a été reçu (a réussi) à l'examen.
12. Il s'est aperçu qu'il était temps de partir.
13. Cet événement a passé complètement inaperçu.
14. Les anciens savaient beaucoup, mais nous savons davantage (*more*).
15. Savez-vous jouer au football?
16. Je ne savais pas qu'il sait jouer du violon.
17. Saviez-vous qu'il est parti? — Je l'ai su ce matin.

Basic Vocabulary

gens, *m. pl., people*
pendant, *during*
après, *after*
si, *so*

ne . . . rien (or rien . . . ne),
    nothing, not anything
ennuyer,[1] *to bore* (s'ennuyer,
    to get bored)

---

[1] *Note:* Verbs ending in **-yer** change the **y** to **i** in certain forms.
(Essayer): Il essaie de faire son possible.
He tries to do his best.

Translate:

1. les jeunes gens, après tout, pendant le dîner, nous em-
   ployons, il emploie, il s'ennuie, elle ne fait rien, ils emploient
2. Elle reçoit toutes sortes de gens.
3. Nous n'avons rien à faire.
4. Tout le monde sait que Lafayette a aidé l'armée améri-
   caine pendant la guerre de l'Indépendance.
5. Il emploie toutes sortes de moyens pour arriver.
6. Entrez, monsieur! — Après vous, monsieur!
7. Les pauvres gens ne savent rien de certain.
8. Tout ce que je sais, dit Socrate, c'est que je ne sais rien.
9. Après nous le déluge. — Louis XV or Mme de Pompadour
10. L'éloquence continue ennuie. — Pascal
11. Rien n'est si contagieux que l'exemple. — La Roche-
    foucauld
12. On ne donne rien si libéralement que ses conseils. — La
    Rochefoucauld
13. Rien ne ressemble à un creux (*hollow*) comme une
    bouffissure (*swelling*). — Sainte-Beuve
14. Il n'y a que deux sortes de gens au monde: ceux qui
    ne savent pas s'ennuyer et qui ne sont rien, et ceux
    qui savent s'ennuyer et qui sont tout ... après ceux qui
    savent ennuyer les autres. — *Le Monde où l'on s'ennuie*, Pail-
    leron (Reprinted by permission of CALMANN-LÉVY, ÉDITEURS)

31. THE PLUPERFECT

In French as in English the pluperfect consists of the imperfect of the auxiliary (**avoir** or **être**) plus the past participle of
the main verb, thus:

> **j'avais trouvé**
> **tu avais trouvé,** *etc.*
>
> **j'étais allé** (or **allée**)
> **tu étais allé** (or **allée**), *etc.*

> je m'étais arrêté (or arrêtée)
> tu t'étais arrêté (or arrêtée), *etc.*

The French pluperfect, like the English pluperfect, has one translation, *had* plus the past participle (j'avais trouvé, *I had found;* vous étiez allé, *you had gone;* elle s'était arrêtée, *she had stopped*).

Translate:

1. il avait été, elle avait eu, vous aviez fait, nous avions pu, elles avaient voulu, vous aviez reçu, j'avais su
2. j'étais allé, tu étais parti, il s'était arrêté, nous nous étions trompés, vous vous étiez dépêché
3. il avait attendu, il avait dormi, il s'était endormi, avait-il réussi? ils avaient trouvé, ils s'étaient trouvés
4. Elle avait reçu des roses.
5. Les aviez-vous invités?
6. J'avais travaillé toute la journée.
7. Ils s'étaient beaucoup aimés.
8. Nous étions sortis mais nous n'étions pas allés au cinéma.

Basic Vocabulary

plein, *full*   alors, *then, in that case*
dernier, *last*   eh bien, *well*

Translate:

1. plein de gens, en plein air, en pleine saison, le dernier jour, la dernière lettre, la première fois
2. Eh bien, alors, en dernier ressort, nous pouvons inviter les Martin.
3. Les Français aiment la vie en plein air.
4. Quand je suis entré il était en plein travail.
5. Eh bien, qu'est-ce que nous allons faire aujourd'hui?
6. C'était en pleine Révolution, pendant la Terreur en 1793. Beaucoup de titres de noblesse avaient été détruits

ou changés. Un homme est arrêté à l'une des portes de
Paris.

5   — Qui es-tu?
       — Je suis Monsieur le Marquis de Saint-Cyr.
       — Il n'y a plus de monsieur; nous sommes tous des
         citoyens.
       — Je suis le Marquis de Saint-Cyr.
10   — Il n'y a plus de marquis.
       — Eh bien, je suis de Saint-Cyr.
       — Le «de» n'existe plus.
       — Alors, je m'appelle Saint-Cyr.
       — Il n'y a plus de saints.
15   — Bien. Pour vous plaire, je m'appelle Cyr tout court.
       — Il n'y a plus de sire,[1] le dernier vient d'être (*has just
         been*) guillotiné.

32. PERSONAL PRONOUN OBJECTS

me, *me, to me*	nous, *us, to us*
te, *you, to you*	vous, *you, to you*
le (l'), *him, it*	lui, (*to*) *him,* (*to*) *her*
la (l'), *her, it*	leur, *them, to them*
les, *them*	

The personal pronoun objects precede the verb (the auxiliary
in compound tenses) except in the imperative *affirmative*,
where they follow the verb and are attached to it by a hyphen:

Je le cherche.	*I am looking for him* (or *it*).
Je l'ai trouvé.	*I found him* (or *it*).
Elle l'avait fait.	*She had done it.*
Nous leur avons parlé.	*We spoke to them.*
Ne lui parlez pas.	*Don't talk to him* (or *to her*).
Ils nous les vendent.	*They sell them to us.*
Elle vous l'a apporté.	*She brought it to you.*

[1] Pronounced exactly like *Cyr.*

But:

Apportez-moi[1] le journal.	*Bring me the newspaper.*
Apportez-le-moi.	*Bring it to me.*
Vendez-les-leur.	*Sell them to them.*
Connais-toi.	*Know thyself.*

Translate:

1. Donnez-moi la pipe.
2. Nous lui parlons souvent.
3. Te regarde-t-elle souvent?
4. Nous les avions choisis.
5. Elle vous avait cherché.
6. Attendez-moi.
7. Ne l'attendez pas.
8. Donnez-moi une cigarette.
9. Je leur avais donné de bons conseils.
10. Ne vous perdez pas, mes enfants.
11. Elle m'en apporte toujours.
12. Nous pouvons le faire facilement.
13. Vous m'ennuyez!
14. Nous pardonnons aisément à nos amis les défauts qui ne nous regardent (*concern*) pas. — La Rochefoucauld
15. Les hommes ne s'attachent point (*at all*) à nous en raison des services que nous leur rendons mais en raison de ceux qu'ils nous rendent. — Labiche et Martin

33. dire (*to tell*, *to say*) AND **lire** (*to read*)

Present indicative

dis	lis
dis	lis
dit	lit
disons	lisons
dites	lisez
disent	lisent

[1] Note that, when they follow the verb, me, te become moi, toi.

Imperfect

disais   lisais

Past participle

dit   lu

Translate:

1. ils lisent, ils relisent, j'ai lu, il a relu, vous dites, disons, lisez, elle disait, vous lisiez, il a dit, il a contredit, elle a prédit, je prédis, il me contredit, lisaient-ils?
2. Que lisez-vous, Paul? — Je lis le journal du soir.
3. C'est un homme qui dit toujours du mal de quelqu'un.
4. Voici mon nouveau chapeau. Qu'en dites-vous?
5. Il dit qu'il a beaucoup lu, mais . . . a-t-il beaucoup réfléchi?
6. Que disiez-vous? — Je disais qu'il lisait pour s'endormir.
7. Les météorologistes prédisent le temps.
8. Avez-vous relu ce livre? Relisez-le!
9. Je vous l'ai dit et redit cent (100) fois!
10. Les astronomes disent que les comètes sont aussi nombreuses dans le ciel que les poissons (*fish*) dans la mer.

Basic Vocabulary

ceci, *this* (cela, *that*)
car, *for* (*because*)
enfin, *finally, in short*
comment, *how* (Comment! *What!*)
plutôt, *rather*
haut, *high*

peut-être, *perhaps*
à la fois, *at the same time*
ne . . . guère, *scarcely, hardly*
le coup, *blow, stroke, thrust, gust*
surtout (= sur + tout), *especially, above all*

Note:

The preposition à has various meanings in addition to *to* and *at*. Observe the following:

l'homme *à* la barbe noire
the man with *the black beard*

la jeune fille *aux* cheveux blonds
the girl with *blond hair*
à pied, on *foot*
Il demeure à Madison.　*He lives in Madison.*

Translate:

1. un coup de pied, un coup de maître, un coup d'état, un coup de vent (*wind*), un coup d'épée, tout à coup, la petite fille aux yeux bleus, *L'Homme au masque de fer*, très haut, un homme haut placé, la haute finance, à pied
2. Je n'ai guère d'argent.
3. Faites ceci; ne faites pas cela.
4. Lisez à haute voix (*aloud*).
5. Ah! enfin ils sont partis!
6. Cela ne fait rien (*makes no difference*). Cela ne me fait rien.
7. C'est une jeune fille belle et intelligente à la fois.
8. Comment allez-vous[1] aujourd'hui? — Je vais[1] assez bien.
9. Comment vous appelez-vous?
10. Comment va-t-il? Comment vont les affaires?
11. Mais cela se lit dans vos yeux, mon ami.
12. *Une affaire compliquée*

　　— Hélène m'a dit que vous lui avez dit le secret que je vous avais dit de ne pas lui dire!!

　　— Oh! comment! je lui avais dit de ne pas vous le dire!

　　— Eh bien, elle me l'a dit. Mais comme je lui ai dit que je ne vous le dirais pas (*would not tell*) . . . ne le lui dites 5 pas!

13. Pangloss disait quelquefois à Candide: — Tous les événements sont enchaînés dans le meilleur des mondes possibles; car enfin si vous n'aviez pas été chassé d'un château à grands coups de pied pour l'amour de Mlle Cunégonde, si vous n'aviez pas été mis (*put*) à l'Inquisi- 5 tion, si vous n'aviez pas couru (*crossed*) l'Amérique à pied,

---

[1] The verb **aller** means *to be* when referring to health.

si vous n'aviez pas donné un bon coup d'épée au baron,
si vous n'aviez pas perdu tous vos moutons (*sheep*) du
bon pays d'Eldorado, vous ne mangeriez pas (*would not*
10   *eat*) ici des cédrats confits (*preserved citron*) et des pista-
ches. — Cela est bien dit, répondit Candide, mais il faut
cultiver notre jardin. — *Candide*, Voltaire

14.   La littérature française est riche, intéressante, variée.
Les grandes figures littéraires commencent à paraître
au seizième (*16th*) siècle, pendant la Renaissance. Vous
avez sans doute entendu parler de Rabelais. Rabelais
5   a écrit l'histoire de deux géants, *Gargantua* et *Panta-
gruel*. C'est une histoire à la fois amusante et instructive.
Michel de Montaigne, également du seizième siècle, est
le créateur d'un genre littéraire, les *essais*. C'est un
écrivain (*writer*) très sage, très tolérant, un peu sceptique.
10   Dans un de ses *Essais* il traite de l'éducation des enfants.
Voici l'idée principale de cet *essai:* former la raison et
le jugement plutôt que la mémoire.

On appelle le dix-septième siècle le Grand Siècle.
C'est le siècle de Louis XIV. Ce monarque a encouragé
15   les arts et la littérature. Sous son règne la littérature a été
portée à un très haut degré de perfection par une brillante série d'écrivains, philosophes, poètes, auteurs de
pensées pénétrantes, maîtres dans l'art de l'éloquence,
etc. Les grands écrivains de ce siècle s'intéressent sur-
20   tout à l'étude de la psychologie de l'homme; c'est-à-
dire qu'ils cherchent à découvrir les secrets ressorts
(*springs*) des passions humaines. Un des plus célèbres est
Molière, le plus grand génie comique de la France et
peut-être du monde entier. Il a ridiculisé tous les défauts
25   de ses contemporains, mais comme l'homme ne change
guère de siècle en siècle, ses œuvres (*works*) sont toujours modernes. Sainte-Beuve, célèbre critique du dix-
neuvième siècle, a dit de Molière: «Tout homme qui
sait lire est un lecteur (*reader*) de plus pour Molière.»

34. voir (*to see*) AND croire (*to believe*)

Present indicative

vois	crois
vois	crois
voit	croit
voyons	croyons
voyez	croyez
voient	croient

Imperfect

voyais	croyais

Past participle

vu	cru

Translate:

1. vous voyez, voyons, ils croyaient, il a vu, il a revu, nous prévoyons, il avait prévu, nous voyions, vous voyiez, croit-il? je l'avais cru
2. Voyons, qu'est-ce que vous avez perdu?
3. Il ne se croyait pas capable de faire cela.
4. Comment peut-on voir les étoiles (*stars*) en plein jour?
5. Nous nous voyions souvent à l'université.
6. On croit quelquefois haïr (*to hate*) la flatterie, mais on ne hait que la manière de flatter. — La Rochefoucauld
7. Voir le monde c'est juger les juges. — Joubert

Basic Vocabulary

vrai, *true*
loin, *far*
chaque, *each*
ce qui, *what, that which*

ce que (ce qu'), *what, that which*
pourtant, *nevertheless, however, yet*

Translate:

1. très loin, loin d'ici, un vrai ami, ce qu'il dit, ce que vous faites, ce qui m'intéresse, chaque fois, chaque garçon
2. C'est vrai: loin des yeux, loin du cœur (*heart*).

3. Les vrais amis sont bien rares.
4. Pourtant cela n'est pas vrai.
5. Nous sommes bien loin de faire cela.
6. Croyez-vous tout ce que vous lisez dans les livres?
7. Il y a des personnes qui croient tout ce qu'ils lisent.
8. Il est très riche et pourtant il travaille tous les jours.
9. Je vous assure que monsieur X ne voit pas plus loin que le bout (*end*) de son nez.
10. Le vrai moyen d'être trompé c'est de se croire plus fin que les autres. — La Rochefoucauld
11. Rien n'est beau que (*except*) le vrai. — Boileau
12. La majesté de la justice réside tout entière dans chaque sentence rendue par le juge au nom du peuple souverain. — A. France
13. Ce qui n'est pas clair n'est pas français. — Rivarol
14. *Roger* — Oh! je crois pourtant . . .
    La [vieille] Duchesse — Ah! tu crois! . . . tu crois! . . . Quand il s'agit d'accuser une femme, tu entends! . . . une femme! il ne suffit pas de croire, il faut voir, et quand on a vu et bien vu et revu . . . Alors! oh! alors . . . Eh bien! alors ce n'est pas encore (*yet*) vrai! Ah! (à part) C'est toujours bon à dire aux jeunes gens ces choses-là! — *Le Monde où l'on s'ennuie*, Pailleron (Reprinted by permission of CALMANN-LÉVY, ÉDITEURS)

35. THE PAST DEFINITE

The endings of the past definite of the verbs of the first conjugation (**-er** verbs) are:

-ai, -as, -a, -âmes, -âtes, -èrent

Those of the second and third conjugations are:

-is, -is, -it, -îmes, -îtes, -irent

They are attached to the stem, that is to say, after the **-er**, **-ir**, and **-re** endings have been dropped, thus:

trouv~~er~~	fin~~ir~~	attend~~re~~
trouvai	finis	attendis
trouvas	finis	attendis
trouva	finit	attendit
trouvâmes	finîmes	attendîmes
trouvâtes	finîtes	attendîtes
trouvèrent	finirent	attendirent

The characteristic vowel of the past definite of irregular verbs is usually **u** or **i**:

avoir	être	faire	dire
eus	fus	fis	dis
eus	fus	fis	dis
eut	fut	fit	dit
eûmes	fûmes	fîmes	dîmes
eûtes	fûtes	fîtes	dîtes
eurent	furent	firent	dirent

Similarly: **je pus, je crus, je vis, je voulus, je reçus, je sus.**
The past definite is translated by the English simple past.
Thus, **je trouvai** means *I found;* **nous eûmes,** *we had;* etc.

Note:

1. The past definite, like the past indefinite (SECTION 30, note 2), of **savoir** has often the meaning of *learned, found out:*

   Il sut que son ami était malade.
   He learned (found out) that his friend was ill.

2. The past definite of the auxiliary (**avoir** or **être**) plus the past participle of the main verb form a compound tense called *past anterior.* The past anterior, like the pluperfect, denotes what "had happened," but is rarely used except after such conjunctions as **lorsque, quand, aussitôt que** (*as soon as*), **dès que** (*as soon as*), and a few others:

Aussitôt qu'il eut fîni son dîner, il partit.
As soon as he had finished his dinner, he left.

Translate:

1. il eut, il y eut, je crus, ils firent, vous fûtes, ils purent, nous eûmes, elles reçurent, tu vis, lorsqu'il eut vendu l'auto, quand il fut parti
2. nous trouvâmes, ils finirent, elle vendit, elles se trompèrent, nous nous trouvâmes, il écouta, elle servit, vous dîtes, elle s'endormit, nous l'entendîmes parler, elle m'apporta
3. Elle voulut aller en ville tout de suite.
4. Je sentis l'importance de l'affaire.
5. Il s'attira des critiques sévères.
6. Quelques jours après, son père sut qu'il s'était marié.
7. (Note the cardinal number where we would use the ordinal):
   a. Colomb découvrit l'Amérique le douze octobre 1492.
   b. L'Amérique déclara son indépendance le quatre juillet 1776.

Basic Vocabulary

ne ... ni ... ni, *neither ... nor*   partout, *everywhere*
ne ... point, *not at all*

Translate:

1. Je l'ai cherché partout, mais je ne l'ai pas trouvé.
2. Nous n'avons vu ni Robert ni son père.
3. François 1ᵉʳ [1515] encouragea des savants, mais qui ne furent que savants; il eut des architectes, mais il n'eut ni des Michel-Ange ni des Palladio; il voulut en vain établir des écoles de peinture; les peintres italiens qu'il appela
5 ne firent point d'élèves français. Quelques épigrammes et quelques contes libres (*licentious tales*) composaient toute notre poésie; Rabelais était notre seul livre de prose à la mode du temps de Henri II.

En un mot, les Italiens seuls avaient tout, si vous en
exceptez la musique, qui n'était pas encore perfectionnée, 10
et la philosophie expérimentale, inconnue (*unknown*) partout également, et qu'enfin Galilée fit connaître (*known*).

Le quatrième [grand] siècle est celui (*the one*) qu'on
nomme le siècle de Louis XIV: et c'est peut-être celui
des quatre qui approche le plus de la perfection. Enrichi 15
des découvertes des trois autres, il a plus fait, en certains
genres, que les trois ensemble. Tous les arts, à la vérité,
n'ont point été poussés plus loin que sous les Médicis,
sous les Auguste et les Alexandre; mais la raison humaine
en général s'est perfectionnée. — *Le Siècle de Louis XIV*, 20
Voltaire

36. THE VARIABLE DEMONSTRATIVE celui

Singular	Plural
m. **celui**, *the one*	**ceux**, *the ones*
f. **celle**, *the one*	**celles**, *the ones*
m. **celui-ci**, *this one, the latter*	**ceux-ci**, *these, the latter*
f. **celle-ci**, *this one, the latter*	**celles-ci**, *these, the latter*
m. **celui-là**, *that one, the former*	**ceux-là**, *those, the former*
f. **celle-là**, *that one, the former*	**celles-là**, *those, the former*

Observe the forms which mean *the former* and *the
latter*. In reading or writing, *the latter* is closer to your
eyes or pen and hence the **-ci** (literally, *here*); con-
versely, *the former* is farther and hence the **-là** (literally, *there*).

The various forms of **celui** agree in *gender* and *number*
with the antecedent (a preceding noun or pronoun). Their
uses are sufficiently illustrated by the following exercises:

Translate:

1. **Celui qui cherche, trouve.**

2. Voici deux cravates; voulez-vous celle-ci ou celle-là?

3. (Note the order): Molière et La Fontaine étaient très célèbres; *celui-ci* était fabuliste, *celui-là*, auteur dramatique.

4. D'ordinaire ceux qui travaillent réussissent.

5. Les tableaux de ce peintre sont très célèbres; n'admirez-vous pas celui-ci?

6. Ces robes-ci sont plus belles que celles-là.

7. Ceux qui passaient s'arrêtaient pour regarder.

8. Voyons, aimez-vous mieux ce chapeau-ci ou celui-là?

9. Nous ne trouvons guère de gens de bon sens que ceux qui sont de notre avis (*opinion*). — La Rochefoucauld

10. La plus perdue de toutes les journées est celle où l'on n'a pas ri (*laughed*). — Chamfort

11. L'intérêt parle toutes sortes de langues, et joue toutes sortes de personnages, même (*even*) celui de désintéressé. — La Rochefoucauld

12. A propos de gens taciturnes, il y en a de bien plus singuliers que ceux-là, et qui ont un talent bien extraordinaire. Ce[1] sont ceux qui savent parler sans rien dire, et qui amusent une conversation pendant deux heures de temps sans qu'il soit possible de les déceler (*without it being possible to find them out*) . . .

Ces sortes de gens sont adorés des femmes. — Montesquieu

37. THE FUTURE AND FUTURE PERFECT

The endings of the future are the same for *all* verbs. They are -ai, -as, -a, -ons, -ez, -ont. In the regular verbs and in many irregular verbs these endings are attached to the infinitive. In the case of **-re** verbs, however, the final **e** is dropped before the endings are added:

---

[1] **Ce** (c') before the forms of **être** may mean *he, she, they, it, that, these, those,* and, for good English, may sometimes be omitted.

trouver	finir	vendré
trouverai	finirai	vendrai
trouveras	finiras	vendras
trouvera	finira	vendra
trouverons	finirons	vendrons
trouverez	finirez	vendrez
trouveront	finiront	vendront

Note:

The endings -ai, -as, -a are the same as those of the past definite of -er verbs. Remember, however, that the past definite endings are attached to the *stem*.

The infinitive of most irregular verbs is easily recognized from its future form. The following, however, should be learned:

FUTURE   INFINITIVE

omit

(first person sing.)

aurai	. . . .	avoir
serai	. . . .	être
irai	. . . .	aller
ferai	. . . .	faire
pourrai	. . . .	pouvoir
voudrai	. . . .	vouloir
saurai	. . . .	savoir
verrai	. . . .	voir

In French as in English the future translates *shall* or *will* plus the meaning of the verb (**Je finirai**, *I shall finish* or *I will finish* depending on the context; **j'aurai**, *I shall have* or *I will have*, *etc.*). The future perfect, which is formed by adding the past participle of the main verb to the auxiliary (avoir or être), translates *shall have* or *will have*, plus the past participle of the main verb (**j'aurai trouvé**, *I shall have found* or *I will have* *found;* **je serai allé,** *I shall have gone* or *I will have gone,* etc.).

Note:

> In translating from French into English, the future and future perfect offer no difficulty. The following, however, should be noted: the future perfect may denote conjecture of probability:
>
> **Il se sera trompé.**   *He must have been mistaken.*
> **Elle sera partie.**   *She must have left.*

Translate:

1. il aura, il y aura, j'irai, elles verront, vous ferez, pourra-t-il? nous serons, elle dira, vous lirez, nous recevrons, vous ne voudrez pas, nous saurons, ils iront, il s'arrêtera, elle donnera, elle donna
2. j'aurai donné, il sera sorti, tu te seras arrêté, nous nous serons perdus, ils n'auront pas fini, madame aura reçu, je l'aurai fait, nous serons partis, ils se seront dupés, il aura été
3. Je ne vous attendrai plus.
4. Je suis certain qu'elle l'aura fait.
5. Nous verrons cela.
6. Où est-il? Sera-t-il parti?
7. Il y a dans la Révolution Française un caractère *satanique* qui la distingue de tout ce qu'on a vu et peut-être de tout ce qu'on verra. — Joseph de Maistre
8. La principale fonction de l'Académie sera de travailler avec tout le soin (*care*) et toute la diligence possible à donner des règles certaines à notre langue et à la rendre pure, éloquente et capable de traiter les arts et les sciences.
— *Statuts de l' Académie Française*

Basic Vocabulary

le soleil, *sun*	**déjà,** *already*
l'étoile (f.), *star*	**encore,** *yet, still, again*

ainsi, *thus, so, in this* or *that manner*
actuellement, *at present*
désormais, *henceforth, from then on*

tel, *such* (tel que, *such as*)
tout à fait, *quite, entirely, completely*
donc, *then, therefore*

Translate:

1. une telle personne, de telles choses, par de tels moyens, monsieur un tel, tant d'étoiles, il fait du soleil, tout à fait satisfait, il est déjà parti, cherchez encore
2. Désormais vous ne ferez que ce qu'on vous ordonne.
3. Le soleil s'était déjà levé (*risen*).
4. Je ne l'ai pas encore vu.
5. Je pense (*think*), donc je suis, dit le philosophe.
6. Il se déclara tout à fait satisfait.
7. Telle est son humeur (*disposition*).
8. Ainsi vous partez aujourd'hui?
9.   Cette *fin du monde* s'opérera sans bruit (*quietly*), sans révolution, sans cataclysme. Comme l'arbre (*tree*) perd les feuilles, au souffle (*puff*) du vent d'automne, ainsi la terre verra successivement tomber (*falling*) et périr tous ses enfants, et dans cet hiver (*winter*) éternel, qui l'enveloppera désormais, elle ne pourra plus espérer (*hope for*) un nouveau soleil, ni un nouveau printemps (*spring*). 5

Elle s'effacera de l'histoire des mondes. Les millions ou les milliards (*billions*) de siècles qu'elle aura vécu (*lived*) seront comme un jour. Ce ne sera qu'un détail tout à fait 10 insignifiant dans l'ensemble de l'univers. Actuellement la terre n'est qu'un point invisible pour toutes les étoiles, car, à cette distance, elle est perdue par son infinie petitesse dans le voisinage (*vicinity*) du soleil, qui de loin n'est lui-même (*itself*) qu'une petite étoile. Dans l'avenir 15 (*future*), quand la fin des choses arrivera sur cette terre, l'événement passera donc complètement inaperçu dans l'univers.

Les étoiles continueront de briller après l'extinction de
20 notre soleil, comme elles brillaient déjà avant son existence. Lorsqu'il n'y aura plus sur la terre un seul regard
pour les contempler, les constellations régneront encore
dans l'étendue comme elles régnaient avant l'apparition
de l'homme sur ce petit globule. Il y a des étoiles dont la
25 lumière (*light*) emploie des millions d'années pour nous
arriver ... Le rayon lumineux que nous recevons actuellement est donc parti de leur sein (*bosom, midst*) avant l'épo-
que de l'apparition de l'homme sur la terre. L'univers est
si immense qu'il paraît (*seems*) immuable, et que la durée
30 d'une planète telle que la terre n'est qu'un chapitre, moins
que cela, une phrase, moins encore, un mot de son histoire. — *La Fin du monde*, Flammarion

Review 4 (SECTIONS 30–37)

Translate:

1. je sais, ils savent, ils sauront, elle recevra, vous fûtes, nous fîmes, ils dirent, nous vendrons, j'avais lu, il était parti, ils trouveront, ils trouvèrent, elle avait dit, quand il eut parlé, vous serez, nous savions, il fut, ils furent, ils seront

2. tant de gens, après le dîner, en plein air, ce qu'il dit, ce que vous faites, ce qui nous ennuyait, un coup d'état, pendant la guerre

3. elle s'arrêtera, elle s'arrêta, ils voyaient, il eut, il y eut, croyez-moi, nous croyons, ils s'ennuyaient, ils avaient reçu, je l'avais cru, je l'aurai cru, il sera parti, ils se seront trompés, il voit, il vit

4. le dernier livre, la dernière fois, de telle manière, loin de la ville, la dame au chapeau rouge, ceci ou cela, celui-ci ou celui-là?

5. Je crois qu'il est déjà parti.

6. Ils sont heureux et pourtant ils ne sont pas riches.

7. Ainsi va le monde. Ceux qui cherchent trouvent.

8. Quel âge a-t-elle? Elle n'a pas encore six ans.

9. Il est tout à fait content de votre travail.
10. Ce jeune homme ira très loin. On le dit partout.
11. Il est actif et intelligent à la fois.
12. Je sais ce que je sais.
13. Saviez-vous qu'il était à Paris?
14. On dit qu'il remplit de hautes fonctions.
15. Alors, puis-je sortir un instant?
16. Nous ne croyons pas tout ce que nous lisons.
17. Il emploie 200 hommes. Il les paie bien. Ils l'aiment. Ils font leur possible.
18. Sait-il jouer du piano?
19. Nous avions cru qu'elle était malade.
20. Comment avait-il pu le faire?
21. Maintenant je vais vous expliquer comment ce livre a été conçu.
22. Je ne lui avais donné que des conseils utiles.
23. Où est-il? Nous le cherchons partout.
24. Je reçois une lettre tous les jours. Quelquefois j'en reçois deux.
25. Pardon, Madame. Il y a un monsieur à la porte qui demande si Madame peut le recevoir.
26. Comment allez-vous, mon ami?
27. Il lit toujours pendant le dîner.
28. Elle ne sait pas jouer au bridge.
29. Nous avions conçu de grands projets. Naturellement nous avons été déçus.
30. On m'a dit qu'elle était sortie.
31. La superstition est à la religion ce que l'astrologie est à l'astronomie, la fille très folle (*crazy*) d'une mère très sage. — Voltaire
32. Je suis comme un docteur (*learned man*); hélas! je ne sais rien. — Voltaire
33. Il existe actuellement[1] environ 2000 districts scolaires

---

[1] Meaning? *cf.* actuel.

dans la province du Manitoba. Une loi récemment votée prévoit le groupement de ces districts en zones administratives, dont deux sont déjà en voie d'organisation et fonctionneront à titre d'essai.[1] On espère qu'il sera 5 finalement possible de diviser la province en environ 35 zones administratives. Ce plan permettra de répartir plus équitablement les taxes scolaires et de réaliser quelques économies administratives; il donnera aux maîtres le bénéfice d'une échelle de traitements (*salary* 10 *scale*) fixe, leur assurera un emploi stable et de plus grandes possibilités d'avancement. — *Annuaire, 1946*

[1] A titre d'essai, *experimentally*. What does it say literally?

Part 5

38. connaître (*to know, to be acquainted with*) AND mettre (*to put*)

Present

connais	mets
connais	mets
connaît	met
connaissons	mettons
connaissez	mettez
connaissent	mettent

Imperfect

connaissais   (regular)

Past participle

connu   mis

Note:

1. Henceforth the past definite of irregular verbs will not be given if it has the usual characteristic vowel **u** or **i** (SECTION 35).

2. Like **connaître** are conjugated **paraître** (appa-raître), *to appear*, and compounds of **connaître** and **paraître**.

3. Like **mettre** are conjugated
   remettre, *to postpone*, *to hand to*
   soumettre, *to submit*
   and other compounds of **mettre**.

4. Observe the very common idiom **se mettre à**, *to begin*.

5. Observe the difference between **connaître** and **savoir**. **Savoir** means *to know* facts, *to know* a thing as a fact (also *to know how*). **Connaître** means *to know* in the sense of *to be acquainted with*, *to be familiar with*. **Je le sais**, therefore, can only mean *I know it*. (*I know him* would be **Je le connais** because one can only be acquainted with a person!)

Translate:

1. il connaît, nous connaissons, elle avait connu, il connut, nous connûmes, je connais, mettez, ne mettons pas, vous avez mis, nous aurons mis, nous connaîtrons, vous connaissiez, vous reconnaissez, il mit, ils mirent, ils mettront

2. j'admets, vous promettez, il transmet, je n'omets pas, je n'ai pas omis, nous avons commis, tu as compromis, ils promettront, il remettra, ils disparaissent, vous le reconnaîtrez, il soumet, il soumit

3. Je le connaissais quand il était pauvre.

4. Une petite île parut à l'horizon.

5. Ses amis ont disparu avec son argent.

6. Cela paraît et disparaît.

7. Il a été reconnu tout de suite.

8. Je reconnais que je me suis trompé et je vous demande pardon.

9. Il n'a pas commis d'erreur, mais il omet toujours de faire quelque chose.

10. Voyons, que vous a-t-il promis?
11. Il ne faut pas (*One must not*) omettre de faire ce qu'on a promis.
12. Il vous promettra tout ce que vous voudrez.
13. Vous admettrez cela, j'espère (*hope*). — Je ne l'admets pas.
14. Je me soumets à votre volonté (*wish*).
15. Eh bien, avez-vous soumis vos projets au directeur?
16. J'admets que cela est vrai.
17. Quel crime avait-il commis?
18. Avez-vous mis l'annonce dans les journaux?
19. Alors, remettons cela à demain (*tomorrow*).
20. Il se met à parler. Il se mit à travailler.
21. Il s'est mis à la petite table et s'est mis à écrire (*write*).
22. Nous nous mettrons en route de bonne heure (*early*).
23. Le train se remit en marche.
24. Ce livre a paru la semaine dernière (passée).
25. Il paraît qu'il arrive ce soir (*evening*).
26. Le connaissez-vous? — Je le connais très bien.
27. Un sourire (*smile*) parut sur ses lèvres (*lips*).
28. Il est soumis à sa femme comme tous les bons maris.
29. Admettez-le, monsieur, vous êtes soumis à votre femme.
30. Le cœur (*heart*) a ses raisons que la raison ne connaît point; on le sait en mille (1,000) choses. — Pascal
31. La liberté est le droit (*right*) de faire tout ce que les lois permettent. — Montesquieu
32. La tragédie m'a paru souvent l'école de la grandeur de l'âme (*soul*). — Voltaire
33. Le style n'est que l'ordre et le mouvement qu'on met dans ses pensées (*thoughts*). — Buffon
34. Les saints ont des plaisirs que je ne connais pas. — Voltaire
35. L'arbre (*tree*) se connaît au fruit. — Proverb

39. THE POSSESSIVE PRONOUN

The possessive pronoun has the following forms:

Singular	Plural	Meaning
le mien, m.	les miens, m.	
la mienne, f.	les miennes, f.	*mine*
le tien, m.	les tiens, m.	
la tienne, f.	les tiennes, f.	*yours*
le sien, m.	les siens, m.	
la sienne, f.	les siennes, f.	*his, hers, its*
le nôtre, m.		
la nôtre, f.	les nôtres, m. f.	*ours*
le vôtre, m.		
la vôtre, f.	les vôtres, m. f.	*yours*
le leur, m.		
la leur, f.	les leurs, m. f.	*theirs*

Note:

1. The definite article is part of the possessive pronoun.
2. The definite articles **le** and **les** combine with **à** and **de** as usual. (**J'ai besoin de mon argent et** *du* **vôtre,** *I need my money and yours.*)
3. Possessive pronouns, like possessive adjectives, agree in *gender* and *number* with the object possessed. Thus, in the example given above, **argent** is masculine singular; therefore, **du vôtre.**
4. Possession is also expressed after the verb **être** by the preposition **à** plus a noun or a disjunctive pronoun. (Most of the disjunctive pronouns are easily recognizable but they will all be given later):

> **Ce livre est à moi.**
> *This book is mine.*
> **Ce chapeau-là est à ma mère.**
> *That hat is my mother's.*

Translate:

1. Ne portez pas ma cravate. Cherchez la vôtre.
2. Il a écrit (*wrote*) à son père et au mien.
3. Voici la tienne. As-tu vu la mienne?
4. J'ai invité mes amis, les vôtres et les leurs.
5. Certaines personnes ne savent pas la différence entre le mien et le tien.
6. La plupart des écoles européennes sont différentes des nôtres.
7. Ceci est à nous, cela est à vous.
8. A qui est ce livre? Est-il à toi, Paul? — Non, maman, il n'est pas à moi.
9. A qui est tout cela? — A Marie.
10. Cet homme professe des opinions politiques qui sont tout à fait les miennes.
11. Tout homme, a dit Benjamin Franklin, a deux patries, la sienne et la France.
12. Chaque siècle a son esprit qui le caractérise. L'esprit du nôtre semble être celui de la liberté. — Diderot
13. Ce qui rend la vanité des autres insupportable, c'est qu'elle blesse (*wounds*) la nôtre. — La Rochefoucauld

Basic Vocabulary

parmi, *among*   à l'étranger, *abroad*
l'enfance (f.), *childhood*

Translate:

La littérature française du dix-septième (*17th*) siècle étudie l'homme, cherche à découvrir ses défauts et ses qualités, essaie d'expliquer sa conduite dans la société. Les écrivains de ce temps ne cherchent pas les défauts de l'organisation
5 sociale. La littérature du dix-huitième siècle, au contraire, cherche les défauts des institutions sociales. Parmi les

grands écrivains du dix-huitième siècle les plus célèbres
sont Voltaire et Rousseau. Voltaire a écrit des contes (*short
stories*), des essais philosophiques, des pièces de théâtre, des
poèmes, etc. Dans toutes ses œuvres il attaque l'intolérance 10
et l'injustice sociale. Jean-Jacques Rousseau est plus révolu-
tionnaire que Voltaire. Il a formulé la doctrine de la souve-
raineté du peuple. Ses idées sur l'éducation des enfants sont
très modernes. «L'humanité, dit-il, a sa place dans l'ordre
des choses; l'enfance a la sienne dans l'ordre de la vie 15
humaine: il faut considérer l'homme dans l'homme, et l'enfant dans l'enfant.»

La littérature du dix-neuvième siècle et la littérature con-
temporaine sont très riches, très variées. Il y a de grands
écrivains dans tous les genres: poésie, théâtre, roman (*novel*), 20
conte, critique, histoire, philosophie, etc. Nous n'allons pas
mentionner tous les écrivains célèbres. Un des plus illustres
est Victor Hugo. A l'étranger on connaît le romancier (*Les
Misérables*, *Notre-Dame de Paris*) mais en France on le con-
sidère surtout comme un très grand poète.   25

40. CONDITIONAL AND CONDITIONAL PERFECT

The endings of the conditional are the same for *all* verbs.
They are -ais, -ais, -ait, -ions, -iez, -aient. These endings, you
will notice, are the same as those of the imperfect; but whereas
in the imperfect the endings are attached to the *stem*, in the
conditional (as in the future) they are attached to the infinitive:

trouver	agir	vendrȩ
trouverais	agirais	vendrais
trouverais	agirais	vendrais
trouverait	agirait	vendrait
trouverions	agirions	vendrions
trouveriez	agiriez	vendriez
trouveraient	agiraient	vendraient

Note:

1. The future and the conditional have the same stem. This is true of all verbs, regular and irregular.

2. Of all the irregular verbs you have had, only those listed in SECTION 37 need be carefully noted; the others are easily recognized (**dirai, dirais** from **dire; mettrai, mettrais** from **mettre,** *etc.*).

The conditional translates *should* or *would* plus the meaning of the verb (**J'aurais,** *I should have;* **il serait,** *he would be, etc.*).

The conditional perfect, which consists of the conditional of the auxiliary (**avoir** or **être**) and the past participle of the main verb, translates *should have* or *would have* plus the meaning of the main verb (**j'aurais fini,** *I should have finished;* **vous seriez parti,** *you would have left, etc.*).

Note:

1. The conditional is occasionally used to denote possibility or conjecture:
   Serait-il possible?
   Can (could) it be?
   Serait-elle malade?
   Can she be ill? Is it possible that she is ill?

2. After **quand, quand même,** or **que** the conditional denotes concession:
   Quand (même) je le verrais, je ne le croirais pas.
   Even if (even though) I saw it, I would not believe it.
   Je l'oublierais qu'il me le rappellerait.
   If I forgot it (even though I forgot it, were I to forget it), he would remind me of it.

3. The conditional of **savoir** used with **ne** has the idiomatic meaning of *cannot:*
   Je ne saurais le lui dire.
   I cannot tell him (it to him).

ne pas in vouloir savoir

Translate:

1. il connaîtra, il connaîtrait, il connaissait, je lirais, je lisais, vous mettiez, ils auraient, il aura, il y aura, il aurait, il y aurait, vous seriez, vous étiez, il voudra, tu voudrais, elle voyait, elle verrait, nous croyions, nous croirions

2. nous ferions, nous aurions fait, vous pourriez, ils iraient, ils seraient, ils sauraient, tu aurais trouvé, elle aurait attendu, vous seriez allé, nous nous serions arrêtés, je travaillerais, j'aurais travaillé

3. J'irais au café.

4. Elle pourrait le faire.

5. Ils voudraient venir.

6. Elle voudra tout savoir.

7. Iraient-ils au théâtre ou au concert?

8. Sauriez-vous me dire pourquoi il n'est pas encore venu?

9. Je ne saurais le croire.

10. Pourquoi n'est-il pas encore arrivé? Aurait-il dormi trop tard?

11. Quand il me l'aurait dit, je ne l'aurais pas cru.

12. Ce serait si beau de distribuer de la justice adoucie par de la bonté (*tempered by kindness*). — Brieux

13. Nous serions nos valets pour être nos maîtres. — J.-J. Rousseau

14. Je voudrais bien savoir si la grande règle (*rule*) de toutes les règles n'est pas de plaire. — Molière

15. Si les hommes ne se flattaient pas les uns les autres, il n'y aurait guère de société. — Vauvenargues

16. L'histoire est un roman qui a été, le roman est de l'histoire qui aurait pu être. — Goncourt brothers

17. Un homme d'esprit serait souvent bien embarrassé sans la compagnie des sots. — La Rochefoucauld

41. même

The adjective **même** varies in meaning according to its position in the sentence.

1. After (attached to) a disjunctive pronoun, it means *self*.

>   **elle-même,** *herself*
>   **lui-même,** *himself*

2. Between the definite article and the noun, it means *same*.

>   **C'est la même chose.**
>   *It's the same thing.*

3. After the noun, it means *very*, *self*.

>   **Ces enfants mêmes savent cela.**
>   *These very children know that.*

Note:

>   **Même** may be used as a pronoun and as an adverb:
>   a. As a pronoun, it means *same*.
>   **Ceux-ci sont les mêmes.**   *These are the same.*
>   b. As an adverb, it means *even*.
>   **Elle l'a même insulté.**   *She even insulted him.*
>   **Même les enfants savent cela.**
>   *Even the children know that.*

Translate:

1. Est-ce que ceux-là sont les mêmes?
2. Quand part-il? — Il part ce soir même.
3. Ce sont des animaux de la même espèce.
4. Ce monsieur a une très bonne opinion de lui-même.
5. A Paris, a dit Mark Twain, même les enfants parlent français.
6. Le monde récompense plus souvent les apparences du mérite que le mérite même. — La Rochefoucauld
7. Le peuple (*common people*) et les grands n'ont ni les mêmes vertus ni les mêmes vices. — Vauvenargues
8. Le style est l'homme même. — Buffon
9. Partout où il y a des hommes il y a des sottises (*foolish things*), et les mêmes sottises. — Fontenelle

Basic Vocabulary

il suffit, *it is enough, it suffices*	**le souvenir,** *memory, remembrance*
pour que, *so that, in order that*	
puis, *then, next*	**tout aussi bien,** *quite as much*

Translate:

1. Il est facile de donner la preuve de l'existence de la *Vitamine A* ou *Vitamine de croissance* (*growth*). Des rats, âgés d'un mois, sont soumis à un régime complet dans lequel (*which*) l'aliment gras est représenté par l'huile d'olive. On pèse (*weighs*) l'animal tous les cinq jours et on note très 5 rapidement un arrêt de la croissance: la courbe de poids (*weight*) cesse de s'élever, elle décrit un plateau, puis baisse (*goes down*) et l'animal succomberait si l'on continuait le même régime. Il suffit alors de remplacer l'huile d'olive par du beurre (en quantité équivalente du point de vue éner- 10 gétique), pour que la courbe de poids reprenne son ascension normale et régulière. — Léon Binet (Reprinted by permission of the author)

2. D'une manière générale, la reproduction des souvenirs paraît dépendre de l'état de la circulation. C'est une question . . . sur laquelle (*which*) on n'a que des données (*data*) très incomplètes. Une première difficulté vient (*comes*) de la rapidité des phénomènes et de leurs perpétuels change- 5 ments. Une seconde vient de leur complexité: la reproduction, en effet, ne dépend pas seulement de la circulation générale; elle dépend de la circulation particulière du cerveau (*brain*), et il est vraisemblable (*likely*) qu'il y a même dans celle-ci des variations locales qui ont une grande in- 10 fluence. Ce n'est pas tout: il y a à tenir compte de la *qualité* du sang (*blood*) tout aussi bien que de sa quantité. — *Les Maladies de la mémoire*, Th. Ribot (Reprinted by permission of the PRESSES UNIVERSITAIRES DE FRANCE)

42. écrire (*to write*) AND prendre (*to take*)

Present indicative

écris	prends
écris	prends
écrit	prend
écrivons	prenons
écrivez	prenez
écrivent	prennent

Imperfect

écrivais	prenais

Past participle

écrit	pris

Note:

1. Like **écrire** are conjugated
   décrire, *to describe*,
   and all verbs ending in -(s)crire.
2. Like **prendre** are conjugated
   apprendre, *to learn*,
   comprendre, *to understand*,
   and other compounds of **prendre**.

Translate:

1. prenez, je prends, ils prennent, nous ne prenons pas,
   vous preniez, il a appris, j'écris, il écrirait, elle a écrit,
   Robert écrivait, ils écriront, elle a pris, nous prendrons,
   nous prendrions, vous aurez pris, elle aurait écrit
2. Elle écrivait à sa mère tous les jours.
3. Balzac a écrit beaucoup de romans (*novels*).
4. Si vous écrivez un livre, je le lirai. — Si vous le lisez, je
   l'écrirai.
5. Elle nous a décrit ses voyages.
6. J'ai inscrit tous les noms dans mon carnet (*notebook*).
7. Il faut récrire cette lettre.

8. Alors, vous souscrivez à cette opinion?
9. Avez-vous appris les verbes?
10. Comprenez-vous tout ce que vous lisez en français?
11. Apprend-il facilement? — Ces choses-là s'apprennent facilement.
12. Ce que vous avez entrepris me surprend. Je vous assure que je suis surpris.
13. Il reprendrait ses vieilles habitudes.
14. Avez-vous bien compris tout ce qu'il vous a dit?
15. Enseigner, c'est apprendre deux fois. — Joubert
16. Les choses que l'on sait le mieux sont celles qu'on n'a pas apprises. — Vauvenargues
17. Tout s'apprend, même la vertu. — Joubert

Basic Vocabulary

d'abord, *first, at first*
autrefois, *formerly*
à la suite de, *after, as a result of*

à partir de, *after, from . . . on*
éprouver, *to feel*
oublier, *to forget*

Translate:

1. à partir d'aujourd'hui, l'émotion qu'il éprouvait d'abord, autrefois il oubliait, à la suite de ces événements
2. Un autre homme, âgé de trente (30) ans, fort instruit, à la suite d'une grave maladie, avait tout oublié, jusqu'au (*even the*) nom des objets les plus communs. Sa santé rétablie, il recommença à tout apprendre comme un enfant, d'abord le nom des choses, puis à lire: puis, il com- 5 mença à apprendre le latin. Ses progrès furent rapides. Un jour, étudiant avec son frère qui lui servait de maître, il s'arrêta subitement et porta sa main à son front (*forehead*). «J'éprouve, dit-il, dans la tête une sensation particulière (*peculiar*), et il me semble maintenant que j'ai 10 su tout cela autrefois.» A partir de ce moment, il recouvra rapidement ses facultés. — *Les Maladies de la mémoire*, Th. Ribot (Reprinted by permission of the PRESSES UNIVERSITAIRES DE FRANCE)

43. DISJUNCTIVE PERSONAL PRONOUNS

The disjunctive personal pronouns (so called because they do not usually occur in conjunction with the verb) are:

moi, *I, me*	nous, *we, us*
toi, *you*	vous, *you*
lui, *he, him, it*	eux, *they, them* (m.)
elle, *she, her, it*	elles, *they, them* (f.)
soi, *oneself*	

Translate:

1. avec elle, sans lui, pour eux, après toi
2. Paul et moi, nous sommes allés au cinéma.
3. Nous sommes sortis sans eux.
4. Robert est un peu plus grand que moi.
5. Paul, lui, a fini son travail.
6. Lui travaillait, eux s'amusaient.
7. Lui seul sait jouer du piano.
8. (Note the clarification of the meaning of the italicized conjunctive pronoun.)
   a. Il *lui* est soumis (à elle).
   b. Elle *lui* est soumise (à lui).
9. Chacun pour soi!
10. On ne doit (*must*) pas parler de soi.
11. L'État, c'est moi. — Louis XIV
12. J'ai pour moi la justice et je perds le procès (*lawsuit*)! — Molière
13. [La vie]: Toujours par nous maudite (*cursed*), et toujours si chérie. — Voltaire

Basic Vocabulary

avoir raison (**tort**), *to be right* (*wrong*)

avoir honte, *to be ashamed* (**honteux**, *shameful*)

le mari, *husband*

le côté, *side* (du côté de, *towards*)

la pensée, *thought* (**penser**, *to think*)

Translate:

1. d'un côté, de l'autre côté, de l'autre côté de la rue (*street*),
   du côté de la ville, c'est honteux, le mari de cette femme,
   absorbé dans ses pensées

2. Vous avez raison. J'admets que j'ai tort.

3. Il a honte de sa conduite.

4. Ce caractère [the neurasthenic] joue un rôle même dans
   la jalousie amoureuse; non seulement le jaloux cherche à
   accaparer pour lui seul l'affection des autres, mais encore
   il ne peut pas tolérer la pensée que d'autres puissent (*may*)
   avoir dans leurs amours plus de succès que lui: «Je ne me   5
   sens pas aimée suffisamment, je ne jouis pas suffisamment
   des joies de l'amour, ce serait honteux si mon mari
   obtenait ces joies mieux que moi d'un autre côté ...» —
   Les Médications psychologiques, F. Janet (Reprinted by permission of the PRESSES UNIVERSITAIRES DE FRANCE)

5. On a donc raison de dire que ce que nous faisons dépend de ce que nous sommes; mais il faut ajouter (*add*)
   que nous sommes, dans une certaine mesure, ce que nous
   faisons, et que nous nous créons continuellement nous-
   mêmes. — *L'Évolution créatrice*, H. Bergson (Reprinted by
   permission of the PRESSES UNIVERSITAIRES DE FRANCE)

44. THE PRESENT PARTICIPLE

The present participle is, in French, that form of the verb
which ends in **-ant**. The English equivalent ends in *-ing*.

In nearly all cases the verb (the infinitive) is easily recognized
from the present participle. Among the irregular verbs you
have had, the few cases which may cause you difficulty are
étant from **être**, **ayant** from **avoir**, **sachant** from **savoir**,
voyant from **voir**, and **croyant** from **croire**.

In French the present participle may stand alone or be preceded by the preposition **en**, which is translated, in this case,
by *while, in, on, upon, by*.

Il est parti en disant cela.

He left on (upon, while) saying that.

The preposition **en** is sometimes strengthened by **tout**, thus:

Tout en pleurant, il me raconta l'histoire.

While weeping, he told me the story.

Translate:

1. C'est en lisant qu'on apprend à lire.
2. Tout en parlant nous sommes arrivés au théâtre.
3. En marchant vite (*fast*) vous arriverez à temps.
4. En isolant le radium madame Curie et son mari ont changé les théories sur la constitution de la matière et les sources de l'énergie.
5. L'appétit vient en mangeant[1] (*eating*). — Proverb

Basic Vocabulary

entre, *between, among, in*
propre (before a noun), *own*
songer (à), *to think (of)*

le bonheur, *happiness, good fortune* (par bonheur, *fortunately*)

Translate:

1. Par bonheur, vous êtes entre amis ici.
2. Je vais vous dire, entre nous, ce qu'il a dit.
3. En occupant les gens de leur propre intérêt, on les empêche de nuire à (*prevents from harming*) l'intérêt d'autrui.— Beaumarchais
4. En élevant un enfant, songez à sa vieillesse. — Joubert
5. La liberté politique ne consiste point à faire ce que l'on veut. — Montesquieu

---

[1] Verbs ending in -ger (manger, *to eat*, songer, *to think, dream, etc.*) have an e whenever, in the conjugation, the g comes before o or a (nous mangeons, *we eat*; elle songeait, *she was thinking*).

Similarly, verbs ending in -cer take a cedilla whenever the c comes before o or a (commençons, *let us begin;* commençant, *beginning, etc.*). These changes are necessary in order to keep the pronunciation similar throughout the conjugation.

6. Tout est bien sortant des mains (*hands*) de l'auteur des
   choses; tout dégénère entre les mains de l'homme. — J.–J.
   Rousseau

7. Ayant ainsi parlé, l'illustre psycho-physiologue me
   quitta. Et je songeai que la plus grande vertu de l'homme
   est peut-être la curiosité. Nous voulons savoir; il est vrai
   que nous ne saurons jamais rien. Mais nous aurons du
   moins opposé au mystère universel qui nous enveloppe 5
   une pensée obstinée et des regards audacieux; toutes les
   raisons (*arguments*) des raisonneurs ne nous guériront
   point, par bonheur, de cette grande inquiétude qui nous
   agite devant l'inconnu. — *La Vie littéraire*, A. France (Reprinted by permission of CALMANN-LÉVY, ÉDITEURS)

45. INTERROGATION

There are various ways of asking questions in French:

1. By inversion of the verb and the pronoun subject (**Avez-
   vous étudié les verbes?**).

2. By prefixing **Est-ce que** to a statement:

> **Est-ce que vous partez?**
> *Are you leaving?*
> **Est-ce qu'il l'aime?**
> *Does he love her?*
> **Est-ce qu'ils l'ont fait?**
> *Did they do it?*

Note:

> **Est-ce que** literally means *is it that*, but it is not to be so
> translated.

3. By making a statement and adding **n'est-ce pas?**:

> **Vous étudiez le français, n'est-ce pas?**
> *You are studying French, aren't you?*
> **Elle est partie, n'est-ce pas?**
> *She left, didn't she?*

Il le ferait, n'est-ce pas?
He would do it, wouldn't he?

Note:

It is apparent from the examples that **n'est-ce pas?**
has many meanings which must be determined by the
context.

4. When the subject is a noun, by repeating it in the form of
a pronoun:

Paul est-il ici?
Is Paul here?
Votre sœur est-elle allée au cinéma?
Did your sister go to the movies?

5. By combining any of the foregoing with an interrogative
word:

Comment s'appelle cette jeune fille?
Comment cette jeune fille s'appelle-t-elle? } *What is this girl's name?*
Cette jeune fille, comment s'appelle-t-elle?

Combien a-t-il donné au garçon? } *How much (money) did he give to the boy?*
Combien est-ce qu'il a donné au garçon?

Translate:

1. Quand est-ce que Marie est partie?
2. Combien avez-vous payé ce livre?
3. Vos parents vont-ils souvent au théâtre?
4. Combien d'expériences a-t-on faites sur les vitamines?
5. Est-ce que vous commencez à comprendre facilement ce
que vous lisez?
6. Y a-t-il de l'argent dans cette enveloppe?
7. Faut-il vivre (*live*) pour manger ou faut-il manger pour
vivre?
8. Louis Braille, l'inventeur de l'écriture en relief, était
aveugle (*blind*), n'est-ce pas?

9. Comment Napoléon est-il devenu (*become*) empereur?
10. Est-ce que l'avion a conquis l'espace?
11. Quand Newton a-t-il découvert la loi de la pesanteur?
12. Ah! vous êtes dévot, et vous vous emportez (*get angry*)? —
    Molière
13. Y a-t-il rien (*anything*) de plus tyrannique, par exemple,
    que d'ôter la liberté de la presse? et comment un peuple
    peut-il se dire libre quand il ne lui est pas permis de
    penser par écrit? — Voltaire

Basic Vocabulary

le cœur, *heart*   renseigner, *to inform*
montrer, *to show*   devant, *before, in front of*

Translate:

1. On vous a mal renseigné, mon ami.
2. Je vous remercie (*thank*) de tout cœur, monsieur.
3. Elle a montré un grand courage.
4. *Albert* [professeur de médecine]: Ma raison!... Ce
   qu'elle me montre le mieux, c'est la profondeur des
   ténèbres (*darkness*) où nos regards se perdent... Heu-
   reusement elle n'est pas mon seul moyen d'investigation.
   J'ai une imagination, j'ai un cœur, mon être est relié au 5
   monde par toute une trame frissonnante[1] qui peut me
   renseigner mieux que ma raison. Dans la vie, est-ce elle
   qui vous conduit aux vérités les plus précieuses? Est-ce
   elle qui vous montre le bonheur dans le regard d'une
   femme? Les grands mots qui gouvernent tout: la gloire, 10
   l'honneur, est-ce la raison qui les souffle à notre oreille
   (*ear*)? Pasteur n'était pas un savant vulgaire (*ordinary*),
   j'imagine, pourtant sa raison s'inclinait devant la foi.
   Pourquoi voulez-vous (*expect*) que la mienne, parce que

---

[1] relié au monde par toute une trame frissonnante, *bound to the
material world by a highly sensitive web.*

15   je ne crois pas[1] en Dieu, se déclare satisfaite? Trouvez-
      vous que sans Dieu l'énigme du monde soit (*is*) simplifiée?
      Moi, pas. — *La Nouvelle Idole*, Curel (Reprinted by permission
      of ÉDITIONS ALBIN MICHEL)

      [1] **parce que je ne crois pas**, *by not believing*. What does it say literally?

$\mathcal{R}$eview 5 (SECTIONS 38–45)

Translate:

1. de ce côté, du côté du village, parmi vos amis, entre nous, à l'étranger, le mari de Louise, avec eux, le bonheur absolu, par bonheur, par malheur, à partir de ce moment-là, à la suite de ce voyage, les souvenirs d'enfance
2. je le connais, ils prennent, prenons, il montrerait, il montrait, ils vous renseigneront, il y aurait, je ne comprends point, nous oublierons, nous oublierions
3. il a honte, vous avez tort, elle avait raison, ce sera honteux, songez à cela, il s'est mis à écrire
4. finissant, il suffit, tout en lisant, ayant, sachant, l'émotion que j'ai éprouvée
5. D'abord il faut apprendre les verbes. N'oubliez pas cela.
6. Il paraît que ce monsieur est un peu difficile.
7. Elle l'a fait de ses propres mains (*hands*).
8. C'est une industrie qui est encore à ses débuts.
9. Surtout ne parlez pas devant lui.
10. Il était très bien renseigné, je vous l'assure.
11. N'a-t-il pas montré un peu d'émotion?

12. C'est un homme de cœur. Il l'a fait de grand cœur.
13. Tout le monde cherche le bonheur; mais peu le trouvent, n'est-ce pas?
14. Voyons, le connaît-il? Mais oui, il l'a connu à l'université.
15. Quand Molière a-t-il écrit cette pièce?
16. Je vous promets de le faire aujourd'hui même.
17. Je vous assure que cela disparaîtra.
18. On nous a reconnus tout de suite. Paul a été reconnu le premier.
19. Elle m'avait promis qu'elle le ferait.
20. Il fumait sa pipe en travaillant.
21. Nous avions beaucoup de confiance en lui. Nous lui avions commis notre fortune.
22. Elle m'écrivait de temps en temps.
23. Avez-vous relu le livre? Relisez-le.
24. Quel âge avait-il quand il a entrepris l'étude du piano?
25. Maintenant décrivez-nous ce que vous avez vu.
26. Il a bien travaillé pendant deux ou trois heures; puis il s'est endormi.
27. J'oublie toujours quelque chose. Autrefois c'était différent!
28. Je voudrais savoir pourquoi il y a tant d'injustice en ce monde.
29. Les amis, a dit Ruskin, sont toujours présents, même quand ils sont absents.
30. Les hommes sont très rarement dignes (*capable*) de se gouverner eux-mêmes. — Voltaire
31. Nous oublions aisément nos fautes, lorsqu'elles ne sont sues que de nous. — La Rochefoucauld
32.   La vérité est qu'il n'y a pas de race pure . . . les plus nobles pays, l'Angleterre, la France, l'Italie, sont ceux où le sang (*blood*) est le plus mêlé. L'Allemagne (*Germany*) fait-elle à cet égard une exception? Est-elle un pays

germanique pur? Quelle illusion! Tout le sud a été 5
gaulois. Tout l'est, à partir de l'Elbe, est slave. Et les
parties qu'on prétend réellement pures le sont-elles en
effet? Nous touchons ici à un des problèmes sur lesquels
(*which*) il importe[1] le plus de se faire des idées claires et
prévenir les malentendus (*misunderstandings*). . .   10

Une nation est donc une grande solidarité, constituée
par le sentiment des sacrifices qu'on a faits et de ceux
qu'on est disposé à faire encore. Elle suppose un passé;
elle se résume pourtant dans le présent par un fait
tangible: le consentement, le désir clairement exprimé 15
de continuer la vie commune. L'existence d'une nation
est un plébiscite de tous les jours, comme l'existence de
l'individu est une affirmation perpétuelle de la vie. —
Renan

[1] **il importe,** *it is important.* Note this idiom.

Part 6

46. venir (*to come*)

Present
viens
viens
vient
venons
venez
viennent

Past participle
venu

Past definite
vins

Stem of future (and conditional)
viendr —

Note:

1. Like **venir** are conjugated **tenir**, *to hold*, and compounds of both. **Venir** and most of its compounds

take the auxiliary **être** to form the compound tenses; **tenir** and its compounds take **avoir**. (All reflexives, of course, take **être**.)

Basic Vocabulary

convenir, *to agree, to suit*   **se souvenir,** *to recall*
devenir, *to become*   **appartenir,** *to belong*

Translate:

1. **je venais, je vins, vous vîntes, ils vinrent, ils tiennent, vous conviendrez, il contiendrait, tu étais devenu, vous avez tenu, il tint, nous sommes revenus, je me souviens, il avait appartenu, vous serez intervenu**
2. **Paul est venu de France par le Canada.**
3. **Elle est devenue riche.**
4. **Ils sont revenus ici.**
5. **Il était intervenu pour prendre sa défense.**
6. **Nous nous sommes entretenus avec les invités.**
7. **Comment avez-vous obtenu ce privilège?**
8. **Ces privilèges s'obtiennent facilement.**
9. **Je maintiens qu'il ne dit pas la vérité.**
10. **Ils reviendront dans huit jours** (*one week*, literally, *eight days*).
11. **Retenez bien ceci: la vie est une lutte (un combat).**
12. **Elle retiendra ce que vous avez dit.**
13. **Cette lettre contenait un chèque, n'est-ce pas?**
14. **J'obtiendrai sa permission.**
15. **Cela lui appartient, à lui.**
16. **Cette brochure contiendrait le résultat de ses recherches.**
17. **Presque tous les livres contiennent des erreurs.**
18. **Si cela vous convient, je reviendrai demain** (*tomorrow*).
19. **Je soutiens qu'il a raison.**
20. **Ah! je me souviendrai de cet exercice.**
21. **Cela n'a pas convenu à Julie.**

22. Elle s'est entretenue un moment avec ses amies.

23. Voltaire entretint une vaste correspondance avec les personnes les plus illustres du XVIIIe (dix-huitième) siècle.

24. Le mot *téléscope* vient de deux mots grecs qui signifient *voir de loin.*

25. Il le tient comme la vanité tient l'homme.

26. Un empire fondé par les armes a besoin de se soutenir par les armes. — Montesquieu

Basic Vocabulary

prêter, *to lend*
le droit, *right*, *law* (faire son droit, *to study law*)

le sang, *blood*
la façon, *fashion, manner, way* (de façon à, *so as to*)

Translate:

1. les droits civils, une façon de parler, prêter de l'argent, prêter attention, il se prêtait, de façon à, faire son droit

2. Cela nous a glacé le sang dans les veines.

3. Faites-le de la façon suivante.

4. Il prêtait son argent à cinq pour cent.

5. Je ferai mon droit à l'Université de Paris.

6. On n'a pas le droit d'aller par le monde tâter le crâne des gens, puis les prendre à la gorge (*throat*) en leur disant: «Tu es de notre sang, tu nous appartiens.» — Renan

7. (Observe the abbreviations):

Les expériences de pédagogie psychologique peuvent être divisées en deux groupes: 1° celles qui sont faites dans les laboratoires de psychologie, et 2° celles qui sont faites dans les écoles.

5   En pédagogie ce sont surtout les expériences du deuxième groupe qui sont appréciées, mais il ne faut pas (*one must not*) négliger pour cette raison les expériences de laboratoires. En effet, dans les laboratoires de psychologie on fait des recherches sur un petit nombre de per-

sonnes qui en général viennent au laboratoire pour ap- 10
prendre la psychologie, et se prêtent par conséquent avec
beaucoup de bonne volonté aux expériences. Avec ces
personnes comme sujets, on peut faire des examens très
minutieux, on peut étudier l'influence des différentes
causes d'erreur, chercher si telle méthode peut donner 15
quelque résultat ou non, essayer de nouvelles méthodes et
les perfectionner de façon à les rendre pratiques et
simples. — *La Fatigue intellectuelle*, Binet et Henri (Reprinted
by permission of ALFRED COSTES, ÉDITEUR)

47. THE INFINITIVE

In French the infinitive may stand alone after certain expressions or be preceded by a preposition after others. In most cases the French infinitive is translated by the English infinitive:

> **J'aime travailler.**
> *I like to work.*
> **Nous allons partir.**
> *We are going to leave.*
> **Il faut apprendre les verbes.**
> *It is necessary to learn the verbs.*

In some cases the infinitive is to be translated passively, while in others it must be translated by the *-ing* form of the verb:

> **C'est une faute à éviter.**
> *It's a mistake to be avoided.*
> **Il vit bâtir cette cathédrale.**
> *He saw this cathedral being built.*
> **Voir c'est croire.**
> *Seeing is believing.*
> **A-t-il fini son travail avant de sortir?**
> *Did he finish his work before going out?*
> **Après avoir mangé, il est sorti.**
> *After eating* (or *after having eaten*), *he went out.*

Après être rentré, il s'est couché.
After returning home (or *after having returned home*), *he went to bed.*

Note:

The infinitive is sometimes (rarely) used historically,
that is to say, instead of the past definite (**Et elle de rire**,
And she laughed). Observe that it is preceded by **de**.

Basic Vocabulary

ensuite, *next, afterwards*
davantage, *more*
à moins que,[1] *unless*
l'esprit, m., *mind, wit, intel-*
   ligence, spirit
le but, *goal, aim*

par là même, *for that very rea-*
   son
ignorer, *to be unaware of, to be*
   ignorant of, not to know
au moins (du moins), *at least*

Translate:

1. un homme d'esprit, avec une présence d'esprit éton-
   nante, perdre l'esprit, un trait (*flash*) d'esprit, du moins,
   à moins qu'il n'arrive aujourd'hui, il ignorait, il igno-
   rerait, au moins, par là même, ensuite il s'approcha
   davantage
2. Je le voyais venir.
3. Alors, vous maintenez que vous l'avez vu?
4. Peut-on réussir à un examen sans étudier?
5. *La Chanson de Roland* est le poème épique français le
   plus célèbre. Roland, le héros de ce poème, a mieux
   aimé mourir (*die*) que de sacrifier son honneur.
6. Finis ta leçon! Tu iras jouer ensuite.
7. Il a gagné au moins 100 dollars. J'ignore ce qu'il en
   (*with it*) fera.
8. Pour bien enseigner il faut répéter, mais avec art. Le bon
   professeur ressemble à un bon compositeur: il rend la
   répétition agréable.

[1] The verb which follows **à moins que** may be preceded by a redundant
(superfluous) **ne**.

9. Les fausses opinions ressemblent à la fausse (*counterfeit*) monnaie qui est frappée (*coined*) d'abord par de grands coupables, et dépensée ensuite par d'honnêtes gens qui perpétuent le crime sans savoir ce qu'ils font.—Joseph de Maistre

10. C'est peu d'être équitable, il faut rendre service. — Voltaire

11. Les impôts (*taxes*) sont nécessaires. La meilleure manière de les lever est celle qui facilite davantage le travail et le commerce. Un impôt arbitraire est vicieux. — Voltaire

12. (Notice the que, which introduces the real subject): C'est sortir de l'humanité que de sortir du milieu. — Pascal

13. En résumé, le végétal fabrique directement des sub- stances organiques avec des substances minérales: cette aptitude le dispense en général de se mouvoir et, par là même, de sentir. Les animaux, obligés d'aller à la re- cherche de leur nourriture, ont évolué dans le sens de 5 l'activité locomotrice et par conséquent d'une con- science (*consciousness*) de plus en plus ample, de plus en plus distincte.—*L'Évolution créatrice*, H. Bergson (Reprinted by permission of the PRESSES UNIVERSITAIRES DE FRANCE)

14.   J'accuse le général Mercier de s'être rendu com- plice, tout au moins par faiblesse d'esprit, d'une des plus grandes iniquités du siècle.

J'accuse le général Billot d'avoir eu entre les mains les preuves certaines de l'innocence de Dreyfus et de les 5 avoir étouffées (*suppressed*), de s'être rendu coupable de ce crime de lèse-humanité[1] et de lèse-justice,[1] dans un but politique et pour sauver l'état-major (*general staff*) compromis.

J'accuse le général de Boisdeffre et le général Gonse 10 de s'être rendus complices du même crime, l'un sans doute par passion cléricale, l'autre peut-être par cet

[1] Same word in English; see vocabulary.

esprit de corps qui fait des bureaux de guerre l'arche sainte, inattaquable.

15   J'accuse le général de Pellieux et le commandant Ravary d'avoir fait une enquête scélérate (*wicked*), j'entends (*mean*) par là une enquête de la plus monstrueuse partialité, dont nous avons le rapport du second, un impérissable monument de naïve audace.

20   J'accuse les trois experts en écriture (*handwriting*), les sieurs [messieurs] Belhomme, Varinard et Couard, d'avoir fait des rapports mensongers (*lying*) et frauduleux, à moins qu'un examen médical ne les déclare atteints d'une maladie de la vue et du jugement.

25   J'accuse les bureaux de guerre d'avoir mené dans la presse, particulièrement dans *L'Éclair* et dans *L'Écho de Paris*, une campagne abominable, pour égarer l'opinion et couvrir leur faute.

    J'accuse enfin le premier conseil de guerre d'avoir
30 violé le droit, en condamnant un accusé sur une pièce restée (*kept*) secrète, et j'accuse le second conseil de guerre d'avoir couvert cette illégalité, par ordre, en commettant à son tour le crime juridique d'acquitter sciemment (*knowingly*) un coupable.

35   En portant ces accusations, je n'ignore pas que je me mets sous le coup[1] des articles 30 et 31 de la loi sur la presse du 29 juillet 1881, qui punit les délits (*crimes*) de diffamation. Et c'est volontairement que je m'expose.
— *J'accuse*, E. Zola (Reprinted by permission of EUGÈNE FASQUELLE, ÉDITEUR)

48. CAUSATIVE faire

Faire or any of its forms is often followed by an infinitive. When it is so used, **faire** is causative, that is to say, the subject of the verb *causes* the action to be done by someone else. This

---

[1] **je me mets sous le coup**, *I lay myself open to prosecution.* What does it say, literally?

construction is the equivalent of *to have something done, to cause
something to be done, to order someone to do something* as in:

> **Faites servir le dîner.**
> *Have dinner served.*
> **Je le ferai servir tout de suite.**
> *I'll have it served at once.*
> **Il a fait envoyer des fleurs à Hélène.**
> *He had some flowers sent to Helen.*
> (*He ordered some flowers for Helen.*)
> **Il a fait venir le médecin.**
> *He sent for the doctor.*

Basic Vocabulary

n'importe quel, *any, any whatever* (lit., *it does not matter
which*)

ne ... aucun (or **aucun ...
ne**), *no, not any*

chez, *at the house* (*office, shop,
etc.*) *of; in, with, among, in the
works of*

mener,[1] *to lead*

Translate:

1. je mène, vous menez, ils mèneront, elle achète, nous
   achèterions, n'importe quel livre, chez le dentiste, chez
   le boucher, chez nous, chez les Français, chez l'animal,
   chez Shakespeare, n'importe quel pays, aucun de ces
   garçons ne sait, aucune d'elles ne cherche
2. Ils ont fait construire un garage.
3. Puis-je faire servir le dîner maintenant?
4. Elle ferait venir le médecin.
5. Ils menaient une vie tranquille.
6. Il l'a menée au théâtre.
7. (In this and the next two sentences, use only one word to
   translate the form of **faire** and the infinitive): Le garçon fait
   voir son travail à sa mère.

---

[1] **Mener, acheter** (*to buy*) and a few other verbs that have a mute **e** in
the stem take a grave accent in some forms.

8. Elle m'a fait voir son nouveau chapeau.

9. Les discours de ce monsieur X font paraître son manque (*lack*) d'intelligence.

10. La plupart des hommes ont, comme les plantes, des propriétés cachées (*hidden*) que le hasard fait découvrir. — La Rochefoucauld

11. Comme c'est le caractère des grands esprits de faire entendre en peu de paroles beaucoup de choses, les petits esprits, au contraire, ont le don de beaucoup parler et de ne rien dire. — La Rochefoucauld

12. Les fortes brutalités de la nature ou des hommes peuvent nous faire pousser des cris d'horreur ou d'indignation, mais ne nous donnent point ce pincement (*gripping*) au cœur, ce frisson (*shiver*) qui vous passe dans le dos (*back*) à la vue de certaines petites choses navrantes (*heart-rending*). — Maupassant

13. M. Grandet [le maire] quitta les honneurs municipaux sans aucun (*any*) regret. Il avait fait faire, dans l'intérêt de la ville, d'excellents chemins qui menaient à ses propriétés. — Balzac

14. La diffusion internationale d'une langue ne dépend pas du nombre de personnes qui la parlent chez eux; autrement tout le monde devrait (*ought*) apprendre le chinois.

La diffusion internationale d'une langue ne dépend pas non plus (*either*) de la force brutale, comme telle. La Turquie victorieuse n'a pas pu faire accepter sa langue par les vaincus.

La diffusion internationale d'une langue ne dépend pas de l'étendue territoriale, ni de l'indépendance nationale, ni même de l'existence politique de ceux qui la parlent. L'empire romain n'a pu imposer sa langue à la petite Grèce.

Et comme corollaire, on peut affirmer hardiment (*boldly*) qu'aucune nation d'une civilisation inférieure

ne peut imposer sa langue à n'importe quel peuple d'une
civilisation supérieure. Le Grec a résisté aux Romains
et a civilisé ses conquérants ... A l'Ouest, au contraire, les peuplades (*clans, tribes*) de la Péninsule Ibérique, de la Gaule et de la Bretagne se sont inclinées   20
devant la langue de Rome et sa civilisation supérieure.
— *Le Français, langue diplomatique moderne*, J. B. Scott

49. craindre (*to fear*)

Present

crains	craignons
crains	craignez
craint	craignent

Present participle

craignant

Imperfect

craignais

Past participle

craint

Past definite

craignis

Note:

Like **craindre** are conjugated
    plaindre, *to pity*
    se plaindre, *to complain*
    atteindre, *to attain; to reach*
    joindre, *to join*
and all verbs in
    -aindre
    -eindre
    -oindre

Translate:

1. elle craint, nous avions craint, ils craignent, vous craigniez, ils craindront, elle craindrait, il se plaint, nous plaignons, nous nous plaignons, ils joignaient, elle atteindra, elle attendra
2. Je le plains. Nous le plaignons. — Ne le plaignez pas.
3. De quoi (*what*) vous plaignez-vous? — Je ne me plains de rien. Je ne me plains que de mon mari.
4. Les alpinistes atteignent maintenant le sommet du Mont Blanc sans grande difficulté.
5. Il rejoindrait son régiment dans quelques jours.
6. Notre monsieur X joint l'arrogance à l'imprudence.
7. Si nous joignons nos efforts nous réussirons.
8. Vous avez rejoint vos amis au café, n'est-ce pas?
9. Il était atteint (souffrait) d'une maladie contagieuse.
10. Le craignez-vous? Ne le craignez pas.
11. Ces enfants ne craignent rien du tout.
12. Il fera peindre son portrait.
13. Ce monsieur se fait peindre.
14. L'optimiste peint tout en rose.
15. La terreur était peinte sur son visage.
16. Avec vous, je ne craindrais rien.
17. Chacun (*Each one*) croit aisément ce qu'il craint et ce qu'il désire. — Proverb
18. Si nous n'avions point d'orgueil (*pride*), nous ne nous plaindrions pas de celui des autres. — La Rochefoucauld
19. L'amour de la justice n'est, en la plupart des hommes, que la crainte de souffrir de l'injustice. — La Rochefoucauld
20. Un homme qui serait en peine de connaître s'il change, s'il commence à vieillir (*grow old*), peut consulter les yeux d'une jeune femme qu'il aborde (*speaks to*) et le ton dont elle lui parle: il apprendra ce qu'il craint de savoir. Rude école. — La Bruyère

50. NEGATION

The negatives are as follows:

ne . . . pas, *not*	ne . . . pas du tout, *not at all*
ne . . . pas encore, *not yet*	ne . . . point, *not at all*
ne . . . plus, *no more, no longer*	ne . . . nullement, *not at all*
ne . . . guère, *scarcely, hardly*	ne . . . aucun, *none, no one, no*
ne . . . jamais, *never*	ne . . . ni . . . ni, *neither . . . nor*
ne . . . personne, *no one, nobody*	ne . . . que, *only, nothing but*
ne . . . nul, *no one, nobody*	non plus, *either, neither* (see
ne . . . rien, *nothing*	Note 5 below)

Note:

1. **Personne, aucun, rien, nul,** and **jamais** may stand at the beginning of a clause; **ne** precedes the verb:
   Personne n'est arrivé.
   No one has arrived.
   Aucune de nos amies n'est venue au bal.
   No one of our friends (f.) *came to the ball.*

2. The two members of a negation usually stand together before the infinitive:
   Être ou ne pas être
   To be or not to be

3. **Ne** may be used alone with full negative force with such verbs as **pouvoir, savoir, cesser, oser:**
   Il n'oserait (pas) le répéter.
   He would not dare repeat it.
   Il ne cesse (pas) de pleuvoir.
   It does not stop raining.

   Observe carefully such expressions as
   >   **Je ne sais *que* faire.**
   >   *I don't know* what *to do.*
   >   **Il ne savait *que* dire.**
   >   *He did not know* what *to say.*

4. **Que** occurs sometimes in conjunction with two other negatives (**ne ... plus que, ne ... guère que,** *etc.*). In such cases **que** is rendered by *except:*

Nous ne trouvons guère de gens de bon sens que ceux qui sont de notre avis. — La Rochefoucauld
We find scarcely any people of good sense except those who agree with us (are of our opinion).

5. **Non plus** is sometimes used as the equivalent of **ne ... plus,** but usually, after negation, it means *either* or *neither:*

Vous ne le savez pas? Ni moi non plus.
You don't know it? Neither do I (I don't either).

Translate:

1. **Nous ne savons que faire. Nous ne savions que dire.**
2. **Personne ne peut abuser du pouvoir pour toujours.**
3. **Vous jurez de dire la vérité et de ne rien dire que la vérité?**
4. **Trop de gens ne savent ni lire ni écrire.**
5. **Le pauvre homme ne pouvait se consoler.**
6. **Je ne sais que dire. Elle ne savait que faire.**
7. **Nul ne peut servir deux maîtres.** — The Bible
8. **Tout le monde se plaint de sa mémoire, et personne ne se plaint de son jugement.** — La Rochefoucauld
9. **Rien ne rapetisse** (*lowers*) **l'homme comme les petits plaisirs.** — Joubert
10. **Pour savoir si une pensée est nouvelle, il n'y a qu'à l'exprimer bien simplement.** — Vauvenargues
11. **Les grands crimes n'ont guère été commis que par de célèbres ignorants.** — Voltaire
12. **Il [L'abbé de Saint-Pierre] était persuadé que l'auteur zélé pour le bien ne peut assez redire les choses importantes, et il ne s'est que trop conformé à ce principe.** — D'Alembert

13. **Aucun jardin de fleurs ne conduit à la gloire.** — La Fontaine
14. **Les personnes faibles ne peuvent être sincères.** — La Rochefoucauld
15. **Nul ne possède d'autre droit** (*right*) **que celui de toujours faire son devoir.** — Auguste Comte
16. **La gloire ne peut être où la vertu n'est pas.** — Lamartine
17. **Rien ne nous rend si grands qu'une grande douleur.** — Musset
18. **Le style n'est qu'une manière de penser; si votre conception est faible, jamais vous n'écrirez d'une manière forte.** — Flaubert
19. **Rien ne se perd; rien ne se crée; dans la nature tout se transforme.** — Lavoisier
20. **Rien n'est plus opposé au beau naturel que la peine qu'on se donne pour exprimer des choses ordinaires ou communes d'une manière singulière ou pompeuse; rien ne dégrade plus l'écrivain. Loin de l'admirer, on le plaint d'avoir passé tant de temps à faire de nouvelles com-** 5 **binaisons de syllabes, pour ne dire que ce que tout le monde dit. Ce défaut est celui des esprits cultivés, mais stériles.** — Buffon

Basic Vocabulary

empêcher, *to prevent*   quelconque, *whatever*

Translate:

On ne peut douter que la quantité de l'influx nerveux . . . varie d'un individu à l'autre, et d'un moment à l'autre chez le même individu. On ne peut douter non plus qu'à un moment donné, chez un individu quelconque, la quantité disponible peut être distribuée d'une manière variable. Il est 5 clair que, chez le mathématicien qui spécule et chez l'homme qui satisfait une passion physique, la quantité d'influx nerveux ne se dépense pas de la même manière et qu'une

forme de dépense empêche l'autre, le capital disponible ne
10 pouvant être employé à la fois à deux fins. — *Les Maladies
de la volonté*, Th. Ribot (Reprinted by permission of the PRESSES
UNIVERSITAIRES DE FRANCE)

51. PRESENT AND PRESENT PERFECT SUBJUNC-
TIVES

The endings of the present subjunctive are the same for all
verbs except avoir and être. They are **-e, -es, -e, -ions, -iez,
-ent.** They are attached to the *stem:*

que je trouve	que j'agisse
que tu trouves	que tu agisses
qu'il trouve	qu'il agisse
que nous trouvions	que nous agissions
que vous trouviez	que vous agissiez
qu'ils trouvent	qu'ils agissent

que je sente, *etc.*
que je vende, *etc.*

The present subjunctive of **avoir** and **être:**

avoir	être
que j'aie	que je sois
que tu aies	que tu sois
qu'il ait	qu'il soit
que nous ayons	que nous soyons
que vous ayez	que vous soyez
qu'ils aient	qu'ils soient

The present perfect subjunctive consists of the present subjunctive of the auxiliary (**avoir** or **être**) plus the past participle
of the main verb (**que j'aie trouvé, que je sois arrivé,** *etc.*).
The infinitive of most irregular verbs is easily recognized
from its subjunctive form. Of the irregular verbs you have had,
the following may cause some difficulty:

Pres. subj. (first pers. sing.)	Infinitive
aille	aller
fasse	faire
puisse	pouvoir
veuille	vouloir
sache	savoir
lise	lire
prenne	prendre
vienne	venir
craigne	craindre

The present tense used in previous lessons is technically called the present indicative. The present and the other indicative tenses state facts.

The subjunctive, on the other hand, is essentially a mood of doubt, of uncertainty, of emotions, of personal reaction to, rather than the statement of, facts.

Except in a very few cases, which will be considered later, the subjunctive is used in subordinate clauses introduced by **que** (*that*) after expressions of joy, sorrow, fear, necessity, ignorance, will, desire, command, believing and thinking (when negative or interrogative), prohibition, preference, *etc*. It is also used when a characteristic sought may not be obtained, and when the main clause is qualified by a superlative word such as **seul, premier, dernier.**

The subjunctive is further used after such conjunctions as:

afin que ⎫
pour que ⎬ *in order that, so that*
⎭

avant que, *before*

bien que ⎫
quoique ⎬ *although*
⎭

pourvu que, *provided that*   **sans que,** *without*

à moins que, *unless*   **jusqu'à ce que,** *until*

The literal translation of the present subjunctive is *may* plus the meaning of the verb (**que je trouve,** *that I may find*) and that of the present perfect subjunctive is *may have* plus the past participle of the main verb (**que j'aie trouvé,** *that I may have found;* **que je sois arrivé,** *that I may have arrived*). Very often, though, the *may* and *may have* need not be used. The translation must always be dependent upon good English. Notice the following:

Je regrette que vous soyez malade.
I am sorry that you are ill (literally, *that you may be ill*).
Je regrette que vous ayez été malade.
I am sorry you have been (or *were*) *ill* (literally, *that you may have been ill*).
Ils sont partis sans que je les aie vus.
They left without my seeing them (literally, *without that I saw them*).
Je suis content qu'il vienne.
I am glad he is coming (or *will come*) (literally, *that he may come*).

Translate:

1. quoiqu'il ait, pour que vous soyez, sans qu'elle fasse, bien qu'il voie, pour que nous fassions, jusqu'à ce qu'il dise, afin qu'il vienne, pour que nous sachions, sans que nous ayons, pour qu'ils connaissent
2. Il est possible que j'aille à New York.
3. Paul est content qu'elle vienne.
4. Il est content qu'elle soit venue.
5. Croyez-vous qu'il puisse réussir?
6. Restez ici jusqu'à ce que je revienne.
7. Il faut que vous le fassiez tout de suite.
8. Crois-tu qu'ils soient à Paris?
9. Je doute qu'il veuille faire cela.
10. C'est le meilleur film que j'aie vu cette année.
11. Je cherche une femme qui sache faire la cuisine (*cooking*).
12. Il n'admet pas que vous ayez raison.

13. Il faut que je finisse cette leçon avant de sortir.
14. Je vous le répète afin que vous ne l'oubliiez pas.
15. Quoiqu'il ait beaucoup d'argent, il travaille tous les jours.
16. Est-il vrai que la nature soit toujours la même?
17. Ne désirez rien que vous ne puissiez obtenir.
18. Il n'est pas vrai que les hommes soient meilleurs dans la pauvreté que dans les richesses. — Vauvenargues
19. Les faibles veulent quelquefois qu'on les croie méchants mais les méchants veulent passer pour bons. — Vauvenargues
20. Peuple! ne croyons pas que tout nous soit permis! — André Chénier
21. Il n'y a pas d'apparence que les premiers principes des choses soient jamais (*ever*) bien connus. — Voltaire
22. Il n'y a que la liberté d'agir et de penser qui soit capable de produire de grandes choses. — D'Alembert

Basic Vocabulary

demeurer, *to remain, to live*   à l'égard de, *concerning, with*
moindre, *least (lesser)*   *regard to*
chacun, *each, each one*   quel dommage! *what a pity!*

Translate:

1. le moindre murmure, la moindre chose, il demeure, il demeurait, il demeurerait, à l'égard de notre conversation, c'est dommage, quel dommage!
2. Dans la vie il faut souvent choisir le moindre de deux maux.
3. Où demeure le président de la République?
4. C'est grand dommage qu'il ne l'ait pas fait.
5. C'est grand dommage qu'il ne soit pas venu.
6. Chacun pour soi et Dieu pour tous. — Proverb
7. La liberté politique, dans un citoyen, est cette tranquillité d'esprit qui provient de l'opinion que chacun a de sa

sûreté (*security*); et pour qu'on ait cette liberté, il faut que
le gouvernement soit tel qu'un citoyen ne puisse craindre
un autre citoyen. — Montesquieu

8. Le talent est une longue patience. Il s'agit de regarder
tout ce qu'on veut exprimer assez longtemps et avec assez
d'attention pour découvrir un aspect qui n'ait été vu et dit
par personne. Il y a, dans tout, de l'inexploré, parce que
5   nous sommes habitués à ne nous servir de nos yeux
qu'avec le souvenir de ce qu'on a pensé avant nous sur
ce que nous contemplons. La moindre chose contient un
peu d'inconnu. Trouvons-le. Pour décrire un feu (*fire*) qui
flambe et un arbre (*tree*) dans une plaine, demeurons en
10   face de ce feu et de cet arbre jusqu'à ce qu'ils ne ressemblent plus, pour nous, à aucun (*any*) autre arbre et à aucun
autre feu. C'est de cette façon qu'on devient original. —
Maupassant

52. REDUNDANT (SUPERFLUOUS) **ne**

You have learned that **ne** is used without **pas** with full
negative force with such verbs as **savoir, pouvoir, oser,
cesser** (SECTION 50, *Note* 3).

On the other hand, **ne** may be used redundantly:

1. After verbs of fear:

> **J'ai peur qu'il ne vienne.**
> *I am afraid he is coming.*

2. After **à moins que,** *unless:*

> **Il partira, à moins qu'il ne soit malade.**
> *He will leave unless he is sick.*

3. After **avant que,** *before:*

> **Partons avant qu'il n'arrive!**
> *Let's leave before he arrives!*

4. After comparatives:

> **Il est plus riche que je ne croyais.**
> *He is richer than I thought.*

Translate:

1. Il y a beaucoup moins d'ingrats qu'on ne croit, car il y a bien moins de généreux qu'on ne pense.—Saint-Évremond

2. A l'égard du problème de la limitation des armements, il [Hitler] est perplexe; il n'est pas opposé au principe d'une telle limitation; mais il n'aperçoit pas les moyens de la réaliser dans la pratique; . . . il craint aussi que s'il parle de limitation des armements, l'opposition anglaise ne 5 prétende qu'il recule devant l'énergie britannique; sa pensée demeure flottante. En revanche, il est disposé à aborder sans hésitation le problème de l'humanisation de la guerre et à s'avancer assez loin sur ce terrain. Il y (*in it*) voit un bon préambule, une heureuse préface, d'où pour- 10 rait naître (*result*) une atmosphère plus favorable à l'examen ultérieur de la question des armements. — *French diplomatic report*

$\mathcal{R}$eview 6 (SECTIONS 46–52)

Translate:

1. chez nous, chez le docteur, chez les animaux intelligents, chez les peuples primitifs, en n'importe quel pays, un homme quelconque, chez Molière
2. elle empêcherait, je tiens, je soutiens, ils plaignent, elle se plaint, il appartiendra, elle mène, nous demeurons, j'achèterai, j'achetai, vous ignorez, il craint, cela contient
3. au moins, par là même, ensuite dites-lui, faire de l'esprit, un sujet qui se prête, le moindre talent, les droits de l'homme
4. à moins qu'il ne donne, avant qu'il ne fasse, bien qu'il ait, pour que vous sachiez, quoiqu'ils sortent, afin qu'elle aille, pourvu qu'il lise, sans que nous le voyions, jusqu'à ce qu'il dise
5. Je soutiendrais votre candidature ouvertement.
6. Il a fait fortune; du moins, on le dit.
7. Il était atteint de la fièvre jaune (*yellow*).
8. Marie a été reçue à l'examen de botanique.
9. Elle n'a pas atteint son but (*goal*).

10. D'où vient le mot *microscope?*
11. Cette mode-là ne durera pas. Elle disparaîtra en quelques jours.
12. Je maintiens que ça (= cela) n'est pas vrai.
13. Il ne disait pas clairement ce qu'il voulait, mais il parlait de façon à nous le faire comprendre.
14. C'est ainsi qu'il devint riche.
15. Quel dommage que vous ne puissiez faire cela!
16. La postérité lui marque beaucoup plus d'estime qu'il ne méritait.
17. Elle a fait venir le médecin.
18. Faites-moi voir ce livre, s'il vous plaît (*please*).
19. J'ignorais tout à fait ce détail-là.
20. Il ne savait que dire, ni que faire.
21. Elle se plaint toujours de quelque chose.
22. Je les entends venir. Travaillons sans rien dire.
23. Il avait vu vendre des esclaves.
24. Je me souviendrai bien de lui.
25. Elle l'aimait et le craignait tout à la fois.
26. Le droit de vote est aussi un devoir.
27. La vie nous enseigne à ne pas craindre la mort (*death*).
28. Nous désirons un guide qui connaisse bien la ville.
29. Ça n'a aucune importance.
30. *La Parure* est la meilleure nouvelle (*short story*) qui ait été jamais (*ever*) écrite.
31. Ce monsieur parle toujours de discrétion, mais c'est l'homme le plus indiscret que je connaisse.
32. Nul n'est prophète en son pays. — Proverb
33. Avant donc que d'écrire, apprenez à penser. — Boileau
34. La vie est trop courte, le temps trop précieux pour dire des choses inutiles. — Voltaire
35. La crainte est nécessaire quand l'amour manque (*is lacking*); mais il la faut toujours employer à regret, comme les remèdes les plus violents et les plus dangereux. — Fénelon

36. Ces Républicains, qui vous paraissent si bêtes (*stupid*),
    ont quelquefois de bonnes idées tout de même; par
    exemple, d'établir chez eux que le premier venu pourra
    devenir feld-maréchal, pourvu qu'il en ait le courage
 5 et la capacité; de cette façon tous les soldats se battent
    (*fight*) comme de véritables enragés (*madmen*); ils tien-
    nent leurs rangs comme des clous (*nails*) et marchent en
    avant comme des boulets, parce qu'ils ont la chance
    de monter en grade s'ils se distinguent, de devenir capi-
10 taine, colonel ou général. — Erckmann-Chatrian

37. Les personnes qui m'ont dit ne rien se rappeler des
    premières années de leur enfance m'ont beaucoup sur-
    pris. Pour moi, j'ai gardé (*kept*) de vifs souvenirs du
    temps où j'étais un très petit enfant. Ce sont, il est vrai,
 5 des images isolées, mais, qui, par cela même, ne se
    détachent qu'avec plus d'éclat sur un fond obscur et
    mystérieux. Bien que je sois encore assez éloigné (*far
    away*) de la vieillesse, ces souvenirs, que j'aime, me
    semblent venir d'un passé infiniment profond. Je me
10 figure qu'alors le monde était dans sa magnifique
    nouveauté et tout revêtu (*covered*) de fraîches couleurs.
    Si j'étais un sauvage, je croirais le monde aussi jeune ou,
    si vous voulez, aussi vieux que moi. Mais j'ai le malheur
    de n'être point un sauvage. J'ai lu beaucoup de livres sur
15 l'antiquité de la terre et l'origine des espèces et je mesure
    avec mélancolie la courte durée des individus à la longue
    durée des races. — *Souvenirs d'enfance*, A. France (Reprinted
    by permission of CALMANN-LÉVY, ÉDITEURS)

Part 7

53. IMPERSONAL il

The pronoun **il** is often used impersonally with various meanings. It may be translated by *it* (**il s'agit de,** *it is a question of, it concerns*) or *one* (**il faut,** *one must, it is necessary*) or *there* (**il existe,** *there exists, there is, there are*) or is not translated at all:

> **Que se passe-t-il?**
> *What is going on?*
> **Il est venu un monsieur.**
> *A gentleman came.*
> (*There came a gentleman.*)

Basic Vocabulary

il est, *there is* or *there are* (stylistically used for **il y a**)
il importe, *it is important*
il se trouve (il arrive), *it happens*
il se peut (il est possible), *it is possible*

il reste, *there remains*
il vient, *there comes*
il se produit, *there is produced*
il est heureux, *it is fortunate*
il en est ainsi, *it is so*
il en est de, *the same thing is true about*

129

il paraît (il semble), *it ap-*   **il y va de . . . ,** *. . . is at stake*
pears, it seems

Translate:

1. De quoi (*what*) s'agit-il? — Il s'agit d'apprendre quelque
   chose en apprenant à lire le français.
2. Il est heureux qu'il n'ait pas fait cela.
3. Il reste à démontrer que les ignorants sont heureux.
4. Je le regrette, mon ami, mais il se trouve que je n'ai pas
   d'argent sur moi.
5. Il a dû (*had to*) le faire. Il y allait de sa vie.
6. Il semble que vous ayez raison, mais il n'est pas clair
   qu'elle ait tort. Il en est ainsi.
7. Est-il arrivé quelque chose pour moi?
8. Il lui arrive souvent, à notre monsieur X, d'affirmer des
   choses dont il est fort ignorant.
9. Il se peut bien que vous l'ayez dit.
10. Il est des jours où il ne se sent pas bien.
11. Il en est de la liberté comme de la santé (*health*). **Qui** (*He
    who*) en a moins l'estime davantage.
12. Il importe de détruire ces idées-là.
13. Nous n'avons qu'un honneur, il est tant de maîtresses. —
    Corneille
14. Il m'importe peu que nos voisins (*neighbors*) qui habitent
    par delà (*beyond*) nos montagnes aient de meilleure
    musique que nous, et de meilleurs tableaux, pourvu que
    nous ayons des lois sages et humaines. — Voltaire
15. Pour commencer par le second point, disons qu'aucun
    caractère précis ne distingue la plante de l'animal. Les
    essais tentés pour définir rigoureusement les deux
    règnes ont toujours échoué (*failed*). Il n'est pas une seule
    propriété de la vie végétale qui ne se soit retrouvée, à
    quelque degré, chez certains animaux, pas un seul trait
    caractéristique de l'animal qu'on n'ait pu observer chez
    certaines espèces, ou à certains moments, dans le monde

végétal. — *L'Évolution créatrice*, H. Bergson (Reprinted by permission of the PRESSES UNIVERSITAIRES DE FRANCE)

16. Dans le travail intellectuel court et intense, nous constatons qu'il se produit une constriction des vaisseaux périphériques, spécialement dans la main; et cette action est capable de relever la pression [du sang]; seulement, c'est une action qui est généralement courte; elle se pro- 5
duit surtout au début du travail intellectuel, et elle cesse quand le travail intellectuel dure encore. — *La Fatigue intellectuelle*, Binet et Henri (Reprinted by permission of ALFRED COSTES, ÉDITEUR)

Basic Vocabulary

au dedans, *within*	selon, *according to*
au dehors, *outside*	et ... et, *both ... and*
cependant, *however, nevertheless*	avoir besoin de, *to need*

Translate:

1. selon lui, selon moi, il aurait besoin de, cependant il paraît que, au dedans ou au dehors?

2. Une des façons laudatives très ordinaires à notre temps est de dire à quelqu'un qui vieillit (*is growing old*): «Jamais votre talent n'a été plus jeune.» Ne les écoutez pas trop, ces flatteurs; il vient toujours un moment où l'âge qu'on a au dedans se trahit au dehors. Cependant il est, à cet 5
égard, il faut le reconnaître, de grandes diversités entre les talents et selon les genres. En poésie, au théâtre, en tout comme à la guerre, les uns n'ont qu'un jour, une heure brillante, une victoire qui reste attachée à leur nom et à quoi le reste ne répond pas. — Sainte-Beuve   10

3. Il n'est pas au pouvoir de l'homme de créer une loi qui n'ait besoin d'aucune exception. L'impossibilité sur ce point résulte également et de la faiblesse humaine, qui ne saurait tout prévoir, et de la nature même des choses dont les unes varient au point de sortir par leur propre mouve- 5

ment du cercle de la loi, et dont les autres . . . ne peuvent être saisies par un nom général qui ne soit pas faux dans les nuances. — Joseph de Maistre

54. falloir (*to be necessary, must, have to*) AND pleuvoir (*to rain*)

The verbs **falloir** and **pleuvoir** are impersonal, that is to say, they are used only in the third person singular and always with the impersonal pronoun **il**.

The irregular forms of **falloir** are:

faillait (imp.)

Present
il faut

Future (and conditional)
il faudra, (il faudrait)

Present subjunctive
qu'il faille

The irregular forms of **pleuvoir** are:

Present
il pleut

pleuvait (imp.)

Past participle
plu

Past definite
il plut

Future (and conditional)
il pleuvra, (il pleuvrait)

Translate:

1. il fallait, il faudrait, il a fallu, il avait fallu, faudra-t-il? quoiqu'il faille, il aurait fallu, il faut, il fait, afin qu'il faille

2. **il pleut, il pleuvait, il pleuvra, pourvu qu'il ne pleuve pas, il a plu, il avait plu, il pleuvrait, il plut, il aura plu**

55. USE OF **falloir**

1. **Falloir** may be followed by an infinitive, or **que** and the subjunctive:

   Il vous faut partir. ⎫
   Il faut que vous partiez. ⎬ *You must leave.*

2. When **falloir** is followed by an infinitive, without an indirect object, its meaning is generally one of indefinite application (does not apply to anyone in particular):

   Il faut manger pour vivre.
   One must eat (it is necessary to eat) to live.

3. When used negatively, **falloir** usually means *must not:*

   Il ne faut pas voler.
   One must not steal.

   (*It is not necessary* is expressed by **il n'est pas nécessaire.**)

4. When followed by expressions of time, measure, price, *etc.*, **falloir** may also mean *to need, must have, it takes.*

   Il me faut une nouvelle robe.
   I need (I must have) a new dress.

   Il nous faut de l'argent pour aller au théâtre.
   We need money to go to the theater.

   Il ne vous faut qu'une heure pour faire cela.
   It will take you only an hour to do that.

5. Observe the idiom **s'en falloir** (**il s'en faut, il s'en fallait,** *etc.*), *to lack.*

   Il s'en faut de beaucoup qu'il soit un bon artiste.
   He is far from being a good artist (lit., *There is lacking a great deal . . .*).

Translate:

1. Il faut que je vende mon auto. Il me faut de l'argent.
2. Combien de temps vous faut-il pour faire cela?
3. Nous ferons tout ce qu'il faudra.
4. Il nous a fallu partir tout de suite.
5. Avez-vous tout ce qu'il faut pour le pique-nique?
6. Mon ami, il faut beaucoup de temps pour décider ces choses-là.
7. Il s'en faut de beaucoup que nous soyons heureux (*happy*).
8. Il s'en faut de beaucoup qu'elle soit satisfaite.
9. Il me faudrait un chapeau neuf.
10. Il ne faut rien négliger en ce monde. — Bayle
11. Il ne faut jamais rien dire avec un air d'autorité, ni montrer aucune supériorité d'esprit. — La Rochefoucauld
12. Dans la vie il ne faut jamais être la goutte d'eau (*drop of water*) qui fait déborder le vase. — Bourget
13. La véritable éloquence consiste à dire tout ce qu'il faut, et à ne dire que ce qu'il faut. — La Rochefoucauld
14. La joie humaine, monsieur, est un sentiment curieux et impur: elle a toujours besoin de prendre appui sur (*rest upon*) des choses matérielles que l'on s'introduit dans l'estomac. Même quand la joie semble détachée de toutes ces bassesses (*base things*) il lui faut, si elle veut durer, s'adjoindre des arguments digestifs. Il est rare qu'elle les reconnaisse pour cause essentielle, mais elle cherche en eux des confirmations, des renforcements, des conclusions. Peut-être n'y a-t-il pas là de quoi être honteux.[1] C'est bien naturel aux bêtes intempérantes que nous sommes. Fouillez (*search*) vos souvenirs et voyez si vous n'avez pas éprouvé le besoin de souligner (*under-*

---

[1] Peut-être . . . honteux, *Perhaps there is no reason for being ashamed of it*. De quoi means, literally, *of what;* the construction will be explained later.

line) **vos meilleurs moments en associant à votre bonheur
quelque vive satisfaction de la langue et du ventre. C'est
comme ça!** — Duhamel (Reprinted by permission of the 15
MERCURE DE FRANCE)

56. y AND en

a. The pronominal adverb y (*there*) is equivalent to the preposition **à, dans, sur,** etc., plus a pronoun meaning *it* or
them. It has therefore various translations such as *there,
to it, at it, in it, on it,* etc. Its position in the sentence is
usually before the verb (the auxiliary in compound
tenses), but it follows in the imperative *affirmative:*

> (au concert):   **Y étiez-vous aussi?**
> *Were you there too?*
> (Voici la liste): **Ajoutez-y des bananes.**
> *Add some bananas to it.*

b. **En** is equivalent to the preposition **de** (*of, from, with*)
plus a personal pronoun meaning *it* or *them*. Its meanings
are *of it, of them, some, any, some of it, some of them, from
there:*

> **Il vient de Chicago. J'en viens aussi.**
> *He comes from Chicago. I come from there too.*
> **Avez-vous des amis ici? J'en ai.**
> *Have you any friends here? I have some (of them).*

Note:

  1. In modern French, **en** refers to people only in cases
  similar to the last example (**y** never does).

Compare:

> **Je me souviens de lui** or **d'elle** or **d'eux,** etc.
> *I remember him* or *her* or *them* (people), etc.
> **Je m'en souviens.**
> *I remember it* or *them* (things).

2. When **y** or **en** is a contraction of a preposition which is not translated into English (**s'attendre à,** *to expect;* **se servir de,** *to use; etc.*), **y** or **en** must be translated as if it were a direct object:

(**Il l'a fait**): **Je m'y attendais.**
I expected it.
(**la valise**): **Il s'en sert.**
He uses it.

3. The **en** of **s'en aller** is not to be translated. This verb means *to go away* and is conjugated like **aller** (**il s'en ira,** *he will go away.*)

4. Before a noun **en** may mean *like a.*

Il agit en homme. *He acts like a man.*

Basic Vocabulary

penser à (or **songer à**), *to think of* (= *to have one's mind on*)

penser de, *to think of* (= *to have an opinion about*)

assister à, *to be present at, to attend, to witness*

s'intéresser à, *to be interested in*

tenir à, *to insist upon, to be anxious to*

croire à, *to believe in*

réfléchir à, *to reflect on, to think carefully about*

entendre parler de, *to hear about*

se souvenir de, *to remember*

douter de, *to doubt*

se douter de, *to suspect*

convenir de, *to agree*

Translate:

1. je m'en vais, elle s'en est allée, vous en allez-vous? nous nous en irons, allons-nous-en, vous vous en allez, ne vous en allez pas, ils s'en iraient, ils s'en allaient, s'en vont-ils? elles s'en étaient allées

2. Alors, avez-vous réfléchi à la proposition que je vous ai faite? — J'y ai réfléchi mais je ne puis pas l'accepter.

3. D'ordinaire il se sert de son auto. Aujourd'hui il ne s'en est pas servi.

4. Autrefois presque tous les enfants croyaient aux revenants (*ghosts*). Aujourd'hui on n'y croit plus.

5. Nous parlions du talent de ce monsieur. — C'est la
   première fois que j'en entends parler!

6. Vous dites qu'il ne pouvait consentir à cela, et moi, je
   vous dis qu'il pouvait y consentir.

7. Voilà de l'argent. Tu en auras besoin.

8. C'est un auteur qui s'intéresse surtout à l'influence
   démoralisante de l'argent. Ne saviez-vous pas qu'il s'y
   intéressait?

9. Ils parlaient de Roger Dubois. Vous souvenez-vous de
   lui?

10. Vous souvenez-vous de l'enthousiasme qu'il mettait à
    raconter ses aventures? — Si je (*Do I*) m'en souviens!

11. Elle ne voulait pas y aller, mais elle en est revenue avec
    beaucoup d'admiration.

12. Sait-il jouer du piano? — J'en doute.

13. Vous convenez, j'espère (*I hope*), qu'il ne pouvait pas le
    faire. — J'en conviens.

14. Ah! je m'en souviendrai, de cet exercice!

15. Avez-vous assisté à la conférence de M. Leblanc? — J'y
    ai assisté.

16. Avez-vous assisté à ses conférences? — J'y ai assisté.

17. Ils s'en sont allés sans dire adieu. Nous nous y atten-
    dions.

18. Je tiens à vous expliquer l'affaire. — Vous y tenez? Allez-y!
    (*Go to it!*)

19. La nature n'a pas donné trop de talent à votre monsieur
    X, et je crois qu'il s'en doute un peu.

20. La langue invite à se réunir; elle n'y force pas. — Renan

21. Nous sommes ici [dans cette salle] par la volonté du
    peuple et nous n'en sortirons que par la force des baïon-
    nettes. — Mirabeau

22. La vérité ne fait pas autant de bien dans le monde que ses
    apparences y font de mal. — La Rochefoucauld

Basic Vocabulary

la tête, *head*	se passer, *to happen, to be going*
dire que non, *to say no*	*on*
jeter,[1] *to throw*	se méprendre (like prendre),
lointain, *distant, far away*	*to be mistaken*
éclater, *to burst out*	

Translate:

1. des jours lointains, jeter un regard, ce qui se passe, un avenir (*future*) lointain, perdre la tête, afin qu'il ne se méprenne pas, il jette, nous jetterons, elle jeta un cri, jeter une pierre (*stone*)
2. Ceux qui demeurent dans des maisons de verre (*glass*) ne jettent pas de pierres, s'ils sont sages.
3. Le garçon n'est pas allé à l'école aujourd'hui. Il est resté (demeuré) à la maison parce qu'il avait mal à la tête.
4. La Révolution Française éclata en 1789.
5. Maintenant je vais vous raconter ce qui se passait cette année-là.
6. *Camille.* — Connaissez-vous le cœur des femmes, Perdican? Êtes-vous sûr de leur inconstance, et savez-vous si elles changent réellement de pensée en changeant quelquefois de langage? Il y en a qui disent que non. Sans
5   doute, il nous faut souvent jouer un rôle, souvent mentir; vous voyez que je suis franche; mais êtes-vous sûr que tout mente dans une femme, lorsque sa langue ment? Avez-vous bien réfléchi à la nature de cet être faible et violent, à la rigueur avec laquelle (*which*) on le[2] juge, aux principes
10   qu'on lui[2] impose? Et qui sait si, forcée à tromper par le monde, la tête de ce petit être sans cervelle (*brain*) ne peut pas y prendre plaisir et mentir quelquefois par passe-temps, par folie, comme elle ment par nécessité? — Musset

[1] Some forms of jeter are spelled with double t (cf. appeler).
[2] Refers to être, mentioned in the same sentence, but may be translated as if it referred to femme.

7. Un jour que Walter Raleigh, enfermé (*locked up*) à la Tour
de Londres, travaillait, selon sa coutume, à la seconde
partie de son *Histoire du Monde*, une rixe (*riot*) éclata
sous sa fenêtre (*window*). Il alla regarder ces gens qui se
querellaient, et quand il se remit au travail, il pensait les   5
avoir très bien observés. Mais le lendemain (*following day*),
ayant parlé de cette affaire à un de ses amis qui y avait été
présent et qui même y avait pris part, il fut contredit par
cet ami sur tous les points. Réfléchissant alors à la difficulté de connaître la vérité sur des événements lointains,   10
quand il avait pu se méprendre sur ce qui se passait sous
ses yeux, il jeta au feu (*fire*) le manuscrit de son histoire.
— *Crainquebille*, A. France (Reprinted by permission of CAL-
MANN-LÉVY, ÉDITEURS)

57. naître (*to be born*) AND mourir (*to die*)

Present

nais	meurs
nais	meurs
naît	meurt
naissons	mourons
naissez	mourez
naissent	meurent

Imperfect

naissais	(regular)

Past participle

né	mort

Past definite

naquis	mourus

Future

(regular)	mourrai

Present subjunctive

naisse   meure

Note:

Like naître is conjugated **renaître**, *to live again*, and
like **mourir, se mourir**, *to be dying*.

Translate:

1. je meurs, nous mourons, nous mourrons, il est né, ils
   naquirent, il est mort hier (*yesterday*), elles sont mortes,
   ils sont nés, il mourait, il mourrait, il naissait, quoiqu'il
   meure, pour qu'il naisse, il renaît
2. Molière naquit en 1622 et mourut en 1673.
3. Le prophète a dit qu'un enfant naîtrait.
4. Tout dégénère. Autrefois ils naissaient plus gros.
5. Pauvre homme! on dit qu'il se meurt.
6. L'homme est né libre, et partout il est dans les fers
   (*chains*). — J.–J. Rousseau
7. L'enthousiasme naît d'un objet de la nature. — Diderot
8. Les meilleures lois naissent des usages. — Joubert
9. L'historien Michelet a écrit au sujet de Jeanne d'Arc:
   «Souvenons-nous toujours, Français, que la patrie, chez
   nous, est née du cœur d'une femme, de sa tendresse et
   de ses larmes (*tears*), du sang qu'elle a donné pour nous.»
10. L'arbitre suprême de la langue française est l'Académie
    Française. Au XVIIe siècle *se mourir* était synonyme de
    mourir. Vaugelas, grammairien de ce temps-là, étant très
    malade, dit un jour à un ami qui était allé lui faire visite:
    je meurs ou *je me meurs;* l'Académie n'a pas encore
    décidé.

58. THE RELATIVE PRONOUNS

qui, *who, which, that* (see note 1, below)
que, *whom, which, that*
ce qui, *what, that which*

ce que, *what, that which*
dont, *whose, of whom, of which*
quoi, *what*
lequel, (**lesquels, laquelle, lesquelles**), *who, whom, which, that*
où (= **à, dans, sur,** etc. plus a relative), *where, when, to which, at which, on which,* etc.

Note:

1. The relative pronoun **qui** means *whom* when it follows a preposition. (**Voici l'homme avec qui je suis venu.**)

2. Except as indicated in the preceding note, **qui** is always used as the subject and **que** as the object of the next verb. (**C'est lui qui m'aime. C'est lui que j'aime.**)

3. The **i** of **qui** is never dropped but **que** is written **qu'** before a vowel or silent **h**. (**Voici les fruits qu'il a apportés hier. C'est la région qu'habitent ces bêtes.** In the last sentence, what is the subject of **habitent?**) This applies also to the compound relatives **ce qui** and **ce que**.

4. **Dont** is a contraction of **de** plus a relative pronoun. In a construction, therefore, where **de** is part of the expression (**jouir de, se servir de, avoir besoin de**) do not look for the **de** but translate **dont** so as to make good English:

   Les privilèges dont elles jouissent sont nombreux.
   The privileges which they enjoy are many.
   Voilà ce dont j'ai besoin.
   That's what I need.

5. **Lequel, lesquels,** and **lesquelles** (not **laquelle**) combine with the prepositions **à** and **de** giving:

auquel   duquel
auxquels   and   desquels
auxquelles   desquelles

6. Caution:

Notice very carefully that, in the clause which follows a relative pronoun, a noun subject frequently comes *after* its verb. When this occurs, you should

a. Translate the verb which follows the relative pronoun *after* you have translated the subject, or

b. If possible, translate the verb passively.

Examine carefully:

1. **Nous étudions les découvertes** *que fit Galilée.*
   We are studying the discoveries which Galileo made (OR made by Galileo).

2. **Il a parlé de** *ce qu'ont accompli les Romains.*
   He spoke of what the Romans accomplished (OR what was accomplished by the Romans).

3. **Les privilèges** *dont jouissent les femmes* **sont nombreux.**
   The privileges which women enjoy *are numerous* (OR enjoyed by women . . .).

4. **Voilà le restaurant** *où travaille notre ami.*
   There is the restaurant where our friend works.

Translate:

1. Il cherche le livre que lui a donné Hélène.
2. Elle ne sait pas où donner de la tête (où se tourner).
3. Nous parlions de la jeune fille que Paul a connue sur le bateau (*boat*).
4. Avez-vous tout ce dont vous avez besoin?
5. Voilà le jeune homme dont je vous parlais ce matin.
6. Ce sont les outils (*tools*) dont nous nous servons.
7. Il ne faut pas juger les gens par ce qu'ils disent mais par ce qu'ils font.

8. Voilà le restaurant où travaille notre ami X.
9. Ceux qui ne se sont jamais trompés n'ont jamais rien fait.
10. (Note use of **qui** to mean *he who, those who,* in proverbial expressions):
    a. **Qui ne risque rien, n'a rien.**
    b. **Qui cherche, trouve.**
11. Le seul moyen que justifie la fin c'est le moyen juste (*right*).
12. Le drame est un miroir où se réfléchit la nature. — Hugo
13. C'est surtout dans la spiritualité des idées que consiste la poésie. — Joubert
14. La modération est une crainte de tomber (*falling*) dans l'envie et dans le mépris (*scorn*) que méritent ceux qui s'enivrent de (*become intoxicated with*) leur bonheur. — La Rochefoucauld
15. L'humilité n'est souvent qu'une feinte soumission dont on se sert pour soumettre les autres: c'est un artifice de l'orgueil (*pride*) qui s'abaisse pour s'élever; et, bien qu'il se tranforme en mille (1,000) manières, il n'est jamais mieux déguisé et plus capable de tromper que lorsqu'il 5 se cache sous la figure de l'humilité. — La Rochefoucauld
16. Délégués des nations étrangères . . . vous m'apportez la joie la plus profonde que puisse éprouver un homme qui croit invinciblement que la science et la paix triomphe- ront de l'ignorance et de la guerre, que les peuples s'entendront (*will agree*), non pour détruire, mais pour 5 édifier, et que l'avenir appartiendra à ceux qui auront le plus fait pour l'humanité souffrante . . . — *Discours de Pasteur*
17. Eh bien! en revenant au roman, nous voyons également que le romancier est fait d'un observateur et d'un expéri- mentateur. L'observateur chez lui donne les faits tels qu'il les a observés, pose le point de départ, établit le terrain solide sur lequel vont marcher les personnages et 5 se développer les phénomènes. Puis l'expérimentateur

paraît et institue l'expérience, je veux dire fait mouvoir
les personnages dans une histoire particulière, pour y
montrer que la succession des faits y sera telle que l'exige
le déterminisme des phénomènes mis à l'étude. C'est
presque toujours ici une expérience «pour voir,» comme
l'appelle Claude Bernard. Le romancier part à la recherche d'une vérité. — E. Zola (Reprinted by permission
of EUGÈNE FASQUELLE, ÉDITEUR)

10

59. asseoir (*to seat*) AND plaire (*to please*)

a. Some tenses of the verb asseoir have two or three sets
of spellings:

Present

assieds	or	assois
assieds		assois
assied		assoit
asseyons		assoyons
asseyez		assoyez
asseyent		assoient

Imperfect

asseyais   or   assoyais

Past participle

assis

Past definite

assis

Future

asseyerai   or   assoirai   or   assiérai

Present subjunctive

asseye   or   assoie

Note:

1. The past participle of **asseoir** is often used after the verb **être** (*to be*):
   > **Il est assis.**
   > *He is sitting* (= *seated*).
   > **Elle était assise.**
   > *She was sitting* (= *seated*).

2. Like **asseoir** are conjugated **rasseoir**, *to seat again,* **s'asseoir**, *to sit down,* and **se rasseoir**, *to sit down again.*

Translate:

1. il assied l'enfant, il s'assied, il est assis, il s'est assis, ils s'assoyent, ils sont assis, elles sont assises, asseyez-vous, ne nous asseyons pas, bien qu'ils soient assis, il s'assit, il se rassit

2. il s'asseyait, j'asseyais le garçon, rasseyez le garçon, j'ai rassis l'enfant, il s'est rassis, assoyez-le, je m'asseyerai, il se rassiérait, pour qu'elle s'asseye

b. The irregularities of **plaire** are:

Present

plais	plaisons
plais	plaisez
plaît	plaisent

Imperfect
plaisais

Past participle
plu (same spelling as past participle of **pleuvoir**)

Present subjunctive
plaise

Note:

> Like **plaire** is conjugated **se taire** *to be silent, to hold one's tongue* (but 3rd singular of present indicative has no circumflex accent).

Translate:

1. elle se tait, taisons-nous, tais-toi, nous nous taisons, nous nous taisions, il s'est tu, elle ne s'était pas tue, il se taira, ils se sont tus, pour qu'il se taise, bien qu'il plaise à la jeune fille, il se tut
2. Dites, Paul, est-ce que la représentation vous a plu?
3. Cela ne plaît pas aux enfants. Non, messieurs, cela ne leur plaît pas du tout.
4. Quel temps! Il a plu pendant trois jours.
5. Asseyez l'enfant, s'il vous plaît.
6. Elle s'assiérait si vous vous asseyiez.
7. Il assit le petit prince sur le trône.
8. Qui se tait, consent. — Proverb
9. C'est une grande misère (*misfortune*) que de n'avoir pas assez d'esprit pour bien parler, ni assez de jugement pour se taire. — La Bruyère
10. *Zaïre*, tragédie de Voltaire, ne fut point appréciée du public à sa première représentation. L'auteur était fort mécontent de cela. Comme il s'en allait tout pensif, il rencontra (*met*) Piron, à qui il se plaignit du peu de goût et de l'injustice de ce même public; mais voulant cacher (*hide*) en quelque sorte tout le dépit qu'il éprouvait il ajouta: «Il est vrai que ma pièce n'a pas plu, mais au moins elle n'a pas été sifflée (*hissed*) — Comment veux-tu (*expect*), mon ami, que l'on siffle quand on bâille (*yawn*)?» lui répliqua Piron.

60. THE IMPERATIVE IN THE THIRD PERSON

There is no real imperative in the third person in French. The forms of the present subjunctive, introduced by **que**, are used for the imperative:

Qu'il parte.   *Let him leave.*
Qu'ils soient ici à midi.   *Let them be here at noon.*

Basic Vocabulary

la connaissance, *acquaintance,*   ailleurs, *elsewhere*
  knowledge   d'ailleurs, *besides, moreover*

Translate:

1. Qu'il le dise. Qu'elle s'en aille. Qu'ils le craignent. Qu'il mette ma cravate. Qu'il apprenne les verbes.
2. Connaissez-vous notre monsieur X? — J'ai déjà fait sa connaissance. D'ailleurs je le connaissais avant de faire sa connaissance.
3. Que personne ne sorte!
4. Alors, croyez-vous qu'il faudrait chercher ailleurs?
5. Que la nature (*human nature*) donc soit votre étude unique. — Boileau
6. Mais pour lui (*to him,* i.e., to man) présenter un autre prodige aussi étonnant, qu'il recherche dans ce qu'il connaît les choses les plus délicates. Qu'un ciron (*mite*) lui offre dans la petitesse de son corps des parties incomparablement plus petites, des jambes (*legs*) avec des 5 jointures, des veines dans ces jambes, du sang dans ces veines, des humeurs dans ce sang, des gouttes (*drops*) dans ces humeurs, des vapeurs dans ces gouttes; que, divisant encore ces dernières choses, il épuise (*exhaust*) ses forces en ces conceptions, et que le dernier objet où il 10 peut arriver soit maintenant celui de notre discours; il pensera peut-être que c'est là l'extrême petitesse de la nature. Je veux lui faire voir là-dedans un abîme (*abyss*) nouveau. Je lui veux peindre non seulement l'univers visible, mais l'immensité qu'on peut concevoir de la na- 15 ture, dans l'enceinte de ce raccourci (*within this epitome*) d'atome. Qu'il y voie une infinité d'univers, dont chacun a son firmament, ses planètes, sa terre, en la même proportion que le monde visible; dans cette terre, des animaux,

20   et enfin des cirons, dans lesquels il retrouvera ce que les
        premiers ont donné. — Pascal

7. Quand, dans un homme, vous avez observé et noté un,
        deux, trois, puis une multitude de sentiments, cela vous
        suffit-il, et votre connaissance vous semble-t-elle com-
        plète? Est-ce une psychologie qu'un cahier (*notebook*) de
5   remarques? Ce n'est pas une psychologie, et, ici comme
        ailleurs, la recherche des causes doit (*must*) venir après la
        collection des faits. Que les faits soient physiques ou
        moraux, il n'importe, ils ont toujours des causes; il y en a
        pour l'ambition, pour le courage, pour la véracité, comme
10   pour la digestion, pour le mouvement musculaire, pour
        la chaleur (*heat*) animale. — Taine

61. battre (*to beat*), boire (*to drink*), bouillir (*to boil*), AND courir (*to run*)

The verb battre, *to beat*, loses one t in the present indicative
singular: bats, bats, bat.

The irregularity of boire, *to drink*, consists in the change of
oi to u in many of its forms (see exercise, below).

Bouillir, *to boil*, loses the ill in the present indicative
singular.

The future (and cond.) of courir, *to run*, has a double r.
The other forms are easily recognized.

Translate:

1. je bats, nous battons, nous nous battons (*fight*), ils se
   battent, ils se battront, qu'ils se battent, ne battez pas, ne
   vous battez pas, il combattrait

2. il boit, vous buvez? ils ne boivent pas, qu'il boive ou non,
   buvant, je boirai, j'ai bu, il but, il avait bu, boirait-il? je
   buvais

3. L'eau (*water*, f.) bout; elle bouillira. Je bous de l'eau; nous
   bouillons de l'eau.

4. il courait, il courrait, je cours, vous courez, vous courrez, courons, courant, il courut, ils coururent, qu'il coure, tu cours? cours!

Basic Vocabulary

il y a (+ expression of time),   **arrière** (derrière), *behind*
  ago   **puissant,** *powerful*
la main, *hand*

Translate:

1. il y a trois jours, un homme bien puissant, un homme impuissant, derrière la table, un regard en arrière, la main droite, la main gauche, il y a quelques jours
2. Est-ce que vous buvez toujours?
3. Je ne veux pas que tu coures, mon enfant.
4. Est-ce que le café bout? — Non, maman, pas encore.
5. Il buvait il y a quelques années. Maintenant il ne boit plus.
6. La meilleure façon de louer (*praise*), c'est de louer avec les mains. — Molière
7. Vous n'avez, sans doute, jamais entendu parler des «lampadéphories» (*torch races*). Voici ce que c'était: Pour cette solennité, des citoyens s'espaçaient, formant une sorte de chaîne, dans Athènes. Le premier allumait un flambeau (*torch*) à l'autel (*altar*), courait le transmettre à un second 5 qui le transmettait à un troisième, et ainsi, de main en main. Chaque concurrent (*competitor*) courait, sans un regard en arrière, n'ayant pour but que de préserver la flamme qu'il allait pourtant remettre aussitôt à un autre. Et alors dessaisi (*dispossessed*), arrêté, ne voyant plus 10 qu'au loin la fuite de l'étoilement (*flashing*) sacré, il l'escortait du moins par les yeux, de toute son anxiété impuissante, de tous ses vœux (*wishes*) superflus. On a reconnu dans cette Course du Flambeau l'image même des générations de la vie.—*La Course du Flambeau*, Hervieu 15
(Reprinted by permission of the LIBRAIRIE ARTHÈME FAYARD)

Review 7 (SECTIONS 53–61)

Translate:

1. il importe, il se trouve que, il reste à savoir, il paraît que, il m'arrive que, il vient un temps, il est heureux que, douter de, se douter de, faire la connaissance de
2. d'ailleurs, il y a quelques semaines, atteindre son but, une armée très puissante, selon eux, au dehors, des événements lointains, une belle main blanche, s'il vous plaît
3. ils s'en vont, allez-vous-en, elle s'en irait, il pleut, il pleuvra, nous jetons, elle jette, il avait fallu, elles sont nées, il faudra, ils sont morts, elle ne mourra pas, il naquit, ils naissent
4. je m'assieds, il s'assoit, il est assis, il s'est assis, asseyons-nous, il bat, je me bats, l'eau bout, il courait, il courrait, en buvant, ils boivent, avait-il bu? il éclata
5. Je conviens qu'il a tort. En convenez-vous?
6. Il ne faut pas que vous le craigniez.
7. Puis il jeta un regard en arrière.
8. Il vous est sans doute arrivé de connaître de telles personnes.

9. Il y va de son honneur. Il en est ainsi.
10. Je m'attendais bien à cela. Vous vous y attendiez aussi?
11. Voici ce qui se passait cette année-là.
12. Il s'en faut de beaucoup que l'ami X soit une personne charmante, ou même aimable.
13. Elle lui fait tourner la tête, je vous l'assure.
14. Cependant ce que vous lui avez dit n'est pas tout à fait vrai.
15. Avait-il vraiment besoin de cet argent-là? Vous dites que oui, et moi, je crois que non.
16. Qu'elle vienne tout de suite.
17. Il croit tout ce qu'il lit avec cette confiance que donne l'innocence.
18. Mon ami, il ne faut jamais s'abandonner au désespoir.
19. Il est bien des (beaucoup de) gens qui croient tout ce qu'ils lisent.
20. Il est heureux qu'ils ne viennent pas aujourd'hui.
21. La Maison Française à Madison est ouverte (*open*) à tous les étudiants qui s'intéressent à l'étude du français.
22. Eh bien, qu'il le fasse ou non, qu'importe?
23. Alors, avez-vous bien réfléchi aux conseils que je vous ai donnés? — J'y ai réfléchi un petit peu.
24. Je vous assure qu'il s'est produit en moi un changement inexplicable.
25. Je crois qu'il ne vous appartient pas de faire la critique de cet homme.
26. Paul jeta un cri, et elle éclata de rire (*laughing*).
27. Eh bien, alors, il faut chercher ailleurs.
28. Il a parlé en homme d'honneur.
29. Voici la cravate que m'a donnée Louise.
30. Quand ils parlent de ce temps-là, ils en parlent avec regret.
31. Le concert n'a pas plu à ma mère.
32. N'y avez-vous pas assisté, vous, à la représentation de la pièce?

33. Il faut apprendre à obéir pour savoir commander. — Proverb

34. Il ne faut pas négliger les petites choses. — Proverb

35. *Perdican:* Tu as dix-huit (18) ans et tu ne crois pas à l'amour?

   Camille: Y croyez-vous, vous qui parlez? — Musset

36. L'œil doit (*must*) être regardé comme une expansion du nerf optique ou plutôt l'œil lui-même n'est que l'épanouissement (*spread*) d'un faisceau de nerfs, qui, étant exposé à l'extérieur plus qu'aucun (*any*) autre nerf, est
5 aussi celui qui a le sentiment (*sensation*) le plus vif et le plus délicat; il sera donc ébranlé (*affected*) par les plus petites parties de la matière, telles que sont celles de la lumière, et il nous donnera par conséquent une sensation de toutes les substances les plus éloignées (*distant*)
10 pourvu qu'elles soient capables de produire ou de réfléchir ces petites particules de matière. L'oreille (*ear*), qui n'est pas un organe aussi extérieur que l'œil, et dans laquelle il n'y a pas un aussi grand épanouissement de nerfs, n'aura pas le même degré de sensibilité et ne
15 pourra pas être affectée par des parties de matière aussi petites que celles de la lumière; mais elle le sera par des parties plus grosses qui sont celles qui forment le son, et nous donnera encore une sensation des choses éloignées qui pourront mettre en mouvement ces parties de
20 matière; comme elles sont beaucoup plus grosses que celles de la lumière, et qu'elles ont moins de vitesse (*speed*), elles ne pourront s'étendre (*extend*) qu'à de petites distances, et par conséquent l'oreille ne nous donnera la sensation que de choses beaucoup moins
25 éloignées que celles dont l'œil nous donne la sensation. — Buffon

37. Dans aucun État [des États-Unis], l'école secondaire n'est organisée exclusivement en vue de la préparation à l'université. Il peut exister ici ou là une école destinée

uniquement à préparer aux études universitaires et il peut
arriver qu'une ville décide de créer une ou deux écoles 5
secondaires spécialisées dans les études académiques,
comme elle créerait des écoles secondaires techniques,
commerciales ou professionnelles. Plus généralement
cependant, la possibilité d'étudier des matières autres
que les branches académiques est offerte dans la même 10
école, grâce à l'établissement de programmes spéciaux
dans les branches commerciales, industrielles, ména-
gères (*home economics*), agricoles et dans les travaux
manuels. La répartition de ces différentes matières dans
le programme est laissée au choix de chaque localité, à 15
condition toutefois (*however*) que les plans d'études
locaux ne soient pas contraires à la politique générale
adoptée par l'État. Vu l'accroissement (*In view of the
increase*) du nombre des élèves dans les écoles secondaires, la tendance à ajouter (*add*) des matières qui ne 20
rentrent pas dans le programme académique s'accentue.
Dans certains cas, des écoles séparées agricoles et professionnelles ont été établies sous la dépendance de
l'État, mais ces écoles de l'État sont très peu nombreuses.
— *L'Admission aux écoles secondaires*

38. C'est se tromper que de croire qu'il n'y ait que les vio-
lentes passions, comme l'ambition et l'amour, qui
puissent triompher des autres. La paresse (*laziness*),
toute languissante qu'elle est, ne laisse pas (*doesn't fail*)
d'en être souvent la maîtresse; elle usurpe sur tous les 5
dessins et sur toutes les actions de la vie, elle y détruit et
y consume insensiblement les passions et les vertus. —
La Rochefoucauld

39. Les hommes naissent et demeurent libres et égaux en
droits . . . ces droits sont la liberté, la propriété, la
sûreté et la résistance à l'oppression. — *Déclaration des
droits de l'homme et du citoyen*, 1789

$\mathscr{P}$art 8

62. INTERROGATIVE PRONOUNS

qui?
qui est-ce qui? } *who?* (subject of verb)

qui?
qui est-ce que? } *whom?* (object of verb or preposition)

que?
qu'est-ce que? } *what?* (object of verb)

qu'est-ce qui? *what?* (subject of verb)

lequel (lesquels, laquelle, lesquelles)? *which one(s)?*

quoi? *what?*

à qui? *whose?*

de qui? *whose?*

qu'est-ce que c'est? *what is it?*

Qu'est-ce que c'est que ceci (cela, la beauté, *etc.*)? *What is this (that, beauty, etc.)?*

Note:

1. Examine carefully, compare and contrast those interrogative pronouns whose grammatical function is indicated above in parentheses. Notice particularly the forms:

> qui est-ce qui
> qui est-ce que
> qu'est-ce que
> qu'est-ce qui

2. Remember that the **i** of **qui** is never dropped, but the **e** of **que** is replaced by an apostrophe when the **e** comes before a vowel or silent **h**:

> **Qu'est-ce qui arrive?**   *What is happening?*
> **Qu'est-ce qu'il veut?**   *What does he want?*

3. The shorter form of the interrogative pronouns meaning *whom* is followed by the inverted word order and the longer one by the normal word order:

> **Qui regardez-vous?**   ⎫ *Whom are you look-*
> **Qui est-ce que vous regardez?** ⎬   *ing at?*

4. What was said in the preceding note applies also to **que** and **qu'est-ce que**.

5. The forms of **lequel** combine with **à** and **de** just like the relative forms (SECTION 58, *Note* 5).

> **Auquel?**   *To which one?*
> **Desquels?**   *Of which ones?*

6. **A qui** denotes ownership, **de qui** denotes relationship or authorship:

> **A qui est ce livre?**
> *Whose book is this?* (Who owns it?)
> **De qui est ce roman?**
> *Whose is this novel?* (Who wrote it?)

Translate:

1. **Qui est ce monsieur?**
2. **Qui est-ce qui vous a dit cela?**
3. **Qui cherchez-vous?**
4. **Qui est-ce que vous cherchez?**

5. A qui l'avez-vous apporté?
6. A qui est-ce que vous l'avez vendu?
7. De qui parlez-vous?
8. A quoi pensez-vous?
9. Que dites-vous?
10. Qu'est-ce que vous dites?
11. Qu'est-ce qui se passe?
12. De qui es-tu le fils, mon petit?
13. A qui est cette bicyclette?
14. Duquel de ces visiteurs parlez-vous?
15. Desquels parlez-vous?
16. Auquel de ces garçons l'as-tu donné?
17. A laquelle des deux femmes a-t-il parlé?
18. Qu'est-ce qui vous amuse?
19. Quelle robe allez-vous porter au bal?
20. Qu'est-ce que ça veut dire, *cherchez la femme?*
21. Qu'est-ce que c'est qu'un *gourmet?*
22. Quelle est la distinction entre *gourmet* et *gourmand?*
23. Qu'est-ce que c'est que la dignité?
24. Voici ce que c'est que la jalousie.
25. Maintenant je vais vous expliquer ce que c'est que l'amour platonique.
26. Quel bon livre! De qui est-il?
27. Eh bien, dites-moi maintenant auxquelles de ces dames vous avez parlé.
28. Car enfin qu'est-ce que[1] l'homme dans la nature? Un néant (*nothingness*) à l'égard de l'infini; un tout à l'égard du néant; un milieu entre rien et tout. Infiniment éloigné (*incapable*) de comprendre les extrêmes, la fin des choses et leur principe sont pour lui invinciblement cachés dans un secret impénétrable; également incapable de voir le néant d'où il est tiré (*drawn*) et l'infini où il est englouti (*engulfed*). — Pascal

[1] Short for **qu'est-ce que c'est que.**

63. envoyer (*to send*), **fuir** (*to flee*), AND **valoir** (*to be worth*)

Like most verbs ending in -yer, **envoyer**, *to send*, changes the y to i in certain forms. In addition it has an irregular stem for the future (and conditional), **enverr–**.

In some forms of **fuir**, *to flee*, *to run away*, the i changes to y.

The irregularities of **valoir**, *to be worth*, are as follows:

Present

vaux	valons
vaux	valez
vaut	valent

Future

vaudrai (Do not confuse with **voudrai** from **vouloir**.)

Present subjunctive
vaille

Basic Vocabulary

renvoyer (like **envoyer**) *to send away*, *to dismiss*

s'enfuir (like **fuir**), *to flee, to escape*

valoir la peine de, *to be worth while to*

valoir mieux, *to be better*

Translate:

1. il envoie, vous envoyez, vous envoyiez, elle enverra, nous enverrions, ils envoyaient, envoyant, bien qu'il envoie, ils l'auront envoyé, nous enverrons

2. fuyant, il fuit, elle fuira, ils fuiront, ils fuirent, il vaut mieux, il vaudrait mieux, vaudra-t-il mieux? ils s'enfuirent, ils s'enfuyaient, fuyez!

3. Le temps fuit. Les heures s'enfuyaient. L'armée s'est enfuie. Les soldats se sont enfuis. S'est-il enfui? Où s'était-elle enfuie?

4. Il envoya chercher (*sent for*) le médecin. Nous enverrons chercher le garçon. Envoyez-le chercher tout de suite.

5. Cela vaut trois cents dollars. Cela ne vaudra pas tant l'année prochaine (*next*).

6. Il n'a rien qui vaille.

7. Votre parole (*word*) vaut votre signature.

8. Un service en vaut un autre.

9. La faiblesse qui conserve vaut mieux que la force qui détruit. — Joubert

10. Toutes les grandeurs de ce monde ne valent pas un bon ami. — Voltaire

11. Aujourd'hui ce qui ne vaut pas la peine d'être dit, on le chante (*sings*). — Beaumarchais

12. Une idée ne vaut que pour la forme, et donner une forme nouvelle à une vieille idée, c'est tout l'art et c'est la seule création possible à l'humanité. — A. France.

13. Le mérite vaut bien la naissance. — Marivaux

14. Il vaut mieux remuer (*raise*) une question, sans la décider, que la décider sans la remuer. — Joubert

15. Rien n'est si dangereux qu'un ignorant ami; mieux vaudrait un sage ennemi. — La Fontaine

64. ~~INTERROGATIVE~~ *Inverted* WORD ORDER IN NON-INTERROGATIVE SENTENCES

The interrogative or inverted word order is used not only in questions but also

1. In reporting direct quotations:

    «Allons au cinéma,» dit-il.
    "Let's go to the movies," he said.

2. Frequently after such adverbs as:

    aussi,[1] *so, therefore*
    peut-être, *perhaps*
    à peine, *scarcely*

---

[1] Aussi usually means *so, therefore* at the beginning of a clause:
   Il l'a cassé; aussi a-t-il dû le payer.
   He broke it; so he had to pay for it.

A peine pouvait-il parler.
He could scarcely talk.
Peut-être est-il allé en ville.
Perhaps he went downtown.

Basic Vocabulary

la vue, *sight*   à savoir, *namely, to wit*
la chaleur, *heat*   tomber, *to fall*
la plupart des, *most*

Translate:

1. en vue de, perdre la vue, en pleine vue, au (*from the*) point
   de vue de, quelle chaleur! la plupart des touristes, à savoir,
   il tombe, il tomberait, il est tombé, nous étions tombés
2. Il lui parlait avec chaleur.
3. A peine est-il arrivé en ville qu'il est allé la voir.
4. Peut-être a-t-il oublié l'adresse.
5. Les femmes, dit-on, sont capables de tout, les hommes du
   reste.
6. Le monde est devenu très petit: aussi la guerre, la paix, la
   liberté, le progrès social sont-ils indivisibles.
7. Lavoisier ne perdait pas de vue les problèmes généraux
   qui avaient excité sa curiosité et présidé à son entrée dans
   la carrière scientifique. A peine a-t-il éclairci la nature
   véritable des oxydes et des acides, la nature de l'air et
   celle de l'oxygène, qu'il montre les applications de ces 5
   résultats à l'interprétation des phénomènes généraux de
   la chaleur. — *La Révolution chimique*, Berthelot
8. La chimie, la plus positive peut-être des sciences, celle
   dont nous maîtrisons le plus directement l'objet, débute
   par des imaginations extravagantes sur l'art de faire de
   l'or (*gold*) et de transmuter les métaux: ses premiers
   adeptes sont des hallucinés, des fous (*madmen*) et des 5
   charlatans, et cet état de choses dure jusqu'au XVIIIe
   siècle, moment où la vraie doctrine remplace l'antique
   alchimie. Aussi les chimistes sérieux ont-ils hâte en

général de se détourner de celle-ci; ce qui explique l'aban-
10 don dans lequel son histoire est tombée. C'est un fait bien
connu de tous ceux qui ont enseigné, à savoir que les
spécialistes étudient surtout une science en vue de ses
applications: la plupart ne se tourmentent guère de son
passé. L'histoire des sciences attire surtout les philo-
15 sophes et les gens curieux de la marche générale de
l'esprit humain. Mais, si les spécialistes n'aiment ni les
récits historiques ni les abstractions, par contre les
philosophes sont arrêtés en chimie par le caractère
technique du langage et le tour particulier des idées.
— *Les Origines de l'alchimie*, Berthelot

65. THE IMPERFECT AND PLUPERFECT SUBJUNC-
TIVES

The imperfect subjunctive ends in:

-asse, -asses, -ât, -assions, -assiez, -assent

or in

-isse, -isses, -ît, -issions, -issiez, -issent

or in

-usse, -usses, -ût, -ussions, -ussiez, -ussent

The pluperfect subjunctive is formed by adding the past
participle of the main verb to the imperfect subjunctive of the
auxiliary (**avoir** or **être**).

The literal meaning of the imperfect subjunctive is *might* plus
the meaning of the verb (**qu'il fût,** *that he might be*); and that of
the pluperfect subjunctive is *might have* plus the past participle
of the main verb (**que j'eusse trouvé,** *that I might have found*).
The words *might* and *might have*, though, may be left out for
good English (cf. present subjunctive and present perfect subjunctive, SECTION 51).

In general, the imperfect subjunctive and the pluperfect subjunctive are used like the present subjunctive and the present perfect subjunctive — in subordinate clauses introduced by **que** after expressions of doubt, uncertainty, emotion, *etc.* (see SECTION 51). The main difference between these four tenses is one of sequence of tenses. Note, for example, the following:

Je suis content qu'il le fasse.	*I am glad he is doing it.*
Je suis content qu'il l'ait fait.	*I am glad he did it.*
J'étais content qu'il le fît.	*I was glad he did it.*
J'étais content qu'il l'eût fait.	*I was glad he had done it.*

Note:

The pluperfect subjunctive is sometimes used, in literary style, in either or both clauses of conditional sentences:

S'il eût fait cela, il l'eût dit is the same as
S'il avait fait cela, il l'aurait dit.
If he had done that, he would have said so.

Translate:

1. **J'ignorais tout à fait qu'il fût parti.**
2. **Mais que voulait-elle que je fisse?**
3. **Quoiqu'il fût riche, il travaillait tous les jours.**
4. **S'il eût sauvé le général, il eût été décoré.**
5. **Nous voulions qu'il partît.**
6. **On eût dit que c'était un tableau de Michel-Ange.**
7. **Le nez de Cléopâtre, s'il eût été plus court, toute la face de la terre aurait changé.** — Pascal

Basic Vocabulary

plusieurs, *several*   **justement,** *exactly*

Translate:

Les comètes, il est vrai, sont aussi nombreuses dans le ciel que les poissons dans la mer (*sea*)**; il y en a des millions, et**

jamais une année ne se passe sans que plusieurs soient
aperçues par les astronomes dans le voisinage (*neighborhood*)
5 de l'orbite terrestre. Mais l'espace est si vaste qu'il faudrait
une circonstance tout exceptionnelle pour qu'une comète
passât justement sur la route que la terre parcourt dans sa
révolution annuelle autour du soleil. C'est cependant ce qui
est arrivé en 1835. Mais croiser une route suivie (*followed*)
10 par une personne ne signifie pas pour cela qu'on la rencon-
trera (*will meet him*) juste au point de jonction; il faudrait que
l'heure du passage fût la même. — *La Fin du monde*, Flammarion

66. MEANINGS OF si

1. Si means *if* in conditional sentences:

> **Si vous allez en ville, dites-le-moi.**
> *If you go downtown, tell me* (lit., *tell it to me*).
> **Je le ferais si je pouvais.**
> *I would do it if I could.*

Note:

> Sometimes, in conditions, after **si** (*if*), **ne** alone is used
> with full negative force (cf. also SECTION 50, *Note* 3):
>
> > **Si je ne me trompe, il est déjà parti.**
> > *If I am not mistaken, he has already left.*

2. When followed by an incomplete conditional tense
(usually an imperfect), si means *suppose:*

> **Si nous allions au cinéma?**
> *Suppose we go to the movie?*

3. In comparisons (after negations), si means *so:*

> **Paul n'est pas si grand que son frère.**
> *Paul is not so tall as his brother.*

4. Before an adverb **si** means *so:*

Le temps passe si vite!
The time goes (passes) so fast!

5. After a negation, **si** is used instead of **oui**, *yes:*

Vous ne l'avez pas vu? — Si, je l'ai vu.
You didn't see him? — Yes, I saw him.

6. **Si . . . que** + subj. is translated by *however:*

Si curieuse qu'elle soit, elle n'osera pas le faire.
However curious she may be, she will not dare do it.

Translate:

1. **Il n'est pas allé à Chicago? — Si, il y est allé.**
2. **Si stupides qu'ils soient, ils ne le croiront pas.**
3. **Si j'avais le temps, j'irais au cinéma.**
4. **Tu n'es pas allé à l'école hier** (*yesterday*). **Si, maman, j'y suis allé.**
5. **Elle est si gentille** (*kind*)!
6. **Dites, Marie, si nous faisions une promenade?**
7. **Nous sommes si accoutumés à nous déguiser aux autres, qu'à la fin nous nous déguisons à nous-mêmes. —** La Rochefoucauld
8. **La propriété étant un droit inviolable et sacré, nul ne peut en être privé, si ce n'est lorsque la nécessité publique . . . l'exige évidemment. —** *Déclaration des droits de l'homme et du citoyen,* 1789

67. haïr[1] (*to hate*), ouvrir (*to open*), AND rire (*to laugh*)

The verb **haïr**, *to hate*, is conjugated like **agir** except that it loses the diaeresis in the present indicative singular and takes no circumflex accent (ˆ).

---

[1]The diaeresis (¨) over a vowel indicates that that vowel is pronounced separately (**Noël**).

Compare:

> **il hait,** *he hates, is hating, does hate,* but
> **il haït,** *he hated*
> **nous haïssons,** *we hate, are hating, do hate,* but
> **nous haïmes,** *we hated*

The forms of **ouvrir,** *to open,* are easily recognized except the past participle, **ouvert.**

The irregularities of **rire,** *to laugh,* are as follows:

Present participle
riant

Present

ris	rions
ris	riez
rit	rient

Past participle
ri

Past definite
ris

Present subjunctive
rie

Imperfect subjunctive
risse

Like **ouvrir:**
rouvrir, *to open again*
couvrir, *to cover*

Like **rire:**
se rire de, *to laugh at*
sourire, *to smile*

Basic Vocabulary

pleurer, *to weep, to cry*
se moquer de, *to make fun of*

se couvrir, *to cover oneself* (of weather *to become overcast*)

doux, m., **douce,** f., *sweet,*   **souffrir,** *to allow, to suffer*
 gentle, mild   **de peur de,** *for fear of*

Translate:

1. il pleurait, de peur de couvrir, j'ouvre, la porte (*door*) s'ouvre, la porte s'est ouverte, il a ouvert, il a rouvert, il a recouvert, il souffrirait, je le hais, ne le haïssez pas, ils nous haïrent, il souriait, il est doux, elle est douce, elle riait, elle rirait, pour que vous riiez

2. Le garçon s'est endormi en pleurant.

3. Comment va-t-il? — Sa blessure (*wound*) s'est rouverte.

4. Elle souriait comme la Joconde (Mona Lisa).

5. Vous me faites rire, monsieur!

6. Je me ris de lui. Je m'en ris.[1]

7. Je crois qu'elle me hait. — Si elle vous haïssait, elle ne vous fuirait pas.

8. Le climat de la France méridionale est doux.

9. Souffrez que je m'explique, s'il vous plaît.

10. (Note use of definite article with parts of body): **Ouvrez les yeux.**

11. Expliquez-lui ce dont il s'agit. Ouvrez-lui les yeux.

12. Il s'est couvert de gloire.

13. Le ciel se couvrait. Le ciel s'est couvert.

14. J'avais peur qu'il ne se moquât de moi.

15. Combien vous a-t-il offert?

16. En ce temps-là l'Amérique n'était pas encore découverte.

17. Il me dit cela en souriant.

18. Rira bien qui rira le dernier. — Proverb

19. *Le Comte* — Qui t'a donné une philosophie aussi gaie? *Figaro* — L'habitude du malheur. Je me presse de rire de tout, de peur d'être obligé d'en pleurer. — Beaumarchais

---

[1] These two sentences do not express the same idea. Why? (SECTION 56 b., *Note* 1).

20. Il vient un temps, dit Sainte-Beuve, où le sourire devient
    une ride (*wrinkle*).
21. Plus je songe à la vie humaine, plus je crois qu'il faut lui
    donner pour témoins (*witnesses*) et pour juges l'ironie et
    la pitié. Elles sont deux bonnes conseillères; l'une, en
    souriant, nous rend la vie aimable; l'autre, qui pleure,
5   nous la rend sacrée. L'ironie que j'invoque n'est point
    cruelle. Elle ne raille ni l'amour ni la beauté. Elle est
    douce et bienveillante (*kind*). Son rire calme la colère, et
    c'est elle qui nous enseigne à nous moquer des méchants
    (*wicked*) et des sots, que nous pouvions, sans elle, avoir
10 la faiblesse de haïr. — *Le Jardin d'Épicure*, A. France (Re-
    printed by permission of CALMANN-LÉVY, ÉDITEURS)

68. FURTHER USES OF THE SUBJUNCTIVE

The subjunctive is used in clauses introduced by pour . . .
que, quelque . . . que, qui que, quoi que, quel . . . que, *etc.*,
that is to say, by expressions meaning *however, whoever, whatever, etc.* Study the following, learning the *italicized* expressions:

> *Pour* riche *qu*'il soit
> However *rich he may be*
> *Quelque* vite *que* vous marchiez
> However *fast you may walk*
> (Cf. also si . . . que, SECTION 66.)
> *Qui que* vous soyez
> Whoever *you may be*
> *Quoi qu*'elle fasse
> Whatever *she may do*
> *Quels que* soient vos privilèges
> Whatever *your privileges may be*
> *Quelque* similarité *qu*'il y ait (compare
>   with second example, above)
> Whatever *similarity there may be*

Basic Vocabulary

près (de), *near, nearby*
de près, *closely*
à peu près, *nearly, about, approximately*
tant que, *as long as*

la lutte, *struggle* (lutter, *to struggle*)
rester, *to remain, stay*
l'assistant, m., *bystander, person present* (cf. assister à)

Translate:

1. près de la table, près du lac, près d'ici, tout (= très) près, de près, à peu près, tant qu'il reste ici, une longue lutte, restons ici
2. Ils ont assisté à l'accident. Il y avait un autre assistant dont nous ne savons pas le nom.
3. La vie est une lutte. <u>Qui</u> cesse de lutter meurt.   *He who*
4. Elle demeure tout <u>près</u> d'ici.
5. Il est à peu près trois heures (*o'clock*).
6. Quelles que soient vos raisons, il ne les acceptera pas.
7. Quoi qu'il dise, je ne le croirai pas.
8. Qui que vous ayez vu, ce n'est pas Louis.
9. Pour peu qu'il soit artiste, il admirera ce tableau.
10. Quelque bien qu'on nous dise de nous, on ne nous apprend rien de nouveau. — La Rochefoucauld
11. Quelque différence qu'il paraisse entre les fortunes, il y a une certaine compensation de biens et de maux qui les rend égales. — La Rochefoucauld
12. Quelle que soit la chose qu'on veut dire, il n'y a qu'un mot pour l'exprimer, qu'un verbe pour l'animer et qu'un adjectif pour la qualifier. Il faut donc chercher, jusqu'à ce qu'on les ait découverts, ce mot, ce verbe et cet adjectif, et ne jamais se contenter de l'<u>à peu près</u>, ne jamais ⁵ avoir recours à des supercheries (*tricks*), même heureuses, à des clowneries de langage pour éviter la difficulté. — Maupassant
13. Quelle que soit dans la jalousie l'importance de ces efforts d'abaissement (*debasement*) réel, ils ne forment pas

la partie la plus considérable de la conduite du névro-
pathe (*neurotic person*). Cet arrêt de l'action, cet abaissement réel d'autrui (*of others*) exigent encore une lutte, des
efforts assez difficiles. Le psychasthénique (*neurasthenic*)
n'a guère le courage d'attaquer en face ceux qu'il jalouse
(*of whom he is jealous*), de les arrêter, de les abaisser en
réalité. Il se borne (*limits himself*) le plus souvent à chercher à les abaisser dans l'esprit des assistants et dans
son propre esprit en luttant contre eux par la parole
pendant leur absence. C'est là l'essentiel du *dénigrement* qui est l'action principale et caractéristique du
jaloux. Lox . . ., femme de quarante (40) ans, par exemple, n'a qu'un seul sujet de conversation: c'est la critique amère (*bitter*) de tous ceux qu'elle a pu approcher
et surtout de sa belle-fille (*daughter-in-law*). Comme le dit
son mari, son attention n'est éveillée (*aroused*) que par la
critique. Elle reste inerte et ne place pas un mot dans la
conversation tant qu'elle n'a pas l'occasion de montrer
le désordre et la mauvaise conduite de quelque femme
de sa famille. — *Les Médications psychologiques*, F. Janet
(Reprinted by permission of the PRESSES UNIVERSITAIRES DE
FRANCE)

69. suivre (*to follow*) AND vivre (*to live*)

The forms of **suivre** are easily recognized except for the
three persons singular of the present indicative: **suis, suis, suit.**

Observe that the first person, **je suis,** is spelled exactly as the
corresponding form and tense of être.

The three persons singular of the present indicative of **vivre**
are **vis, vis, vit** (like the singular forms of the past definite of
voir). The other irregularity is this: the stem for the past participle, the past definite and the imperfect subjunctive is **véc-**.

Translate:

1. tu suis, nous suivons, nous suivrons, il a suivi, je l'avais

suivie, il suit, il suivrait, il suivait, nous vivons, nous vivions, il vécut, j'ai vécu, nous vécûmes, avait-il vécu?

2. Je suis la règle. Je suis Américain.

3. Je vis Paul. Il vit en paix avec sa belle-mère (*mother-in-law*).

4. Il vivait encore lorsque le médecin est arrivé.

5. Molière vécut au dix-septième siècle.

6. Ils avaient vécu pour eux-mêmes.

7. Je le suis de près.

8. La corruption de l'homme, dit Emerson, est suivie de la corruption du langage.

9. Tout flatteur vit aux dépens de celui qui l'écoute. — La Fontaine

10. Que chacun examine ses pensées, il les trouvera toujours occupées au passé et à l'avenir (*future*). Nous ne pensons presque point au présent; et, si nous y pensons, ce n'est que pour en prendre la lumière pour disposer de l'avenir. Le présent n'est jamais notre fin: le passé et le présent 5 sont nos moyens; le seul avenir est notre fin. Ainsi nous ne vivons jamais, mais nous espérons (*hope*) de vivre, et, nous disposant toujours à être heureux, il est inévitable que nous ne le soyons jamais. — Pascal

70. IDIOMATIC PRESENT, IMPERFECT

An action or condition which began in the past and *is continuing* in the present is expressed in French by the present with **depuis, depuis quand? depuis que, il y a . . . que, voilà . . . que** (see voc. below). The English equivalent is usually the progressive form of the present perfect (*has* or *have been* plus *-ing*):

Je vous *attends depuis* une heure.   ⎫ *I have been waiting for you*
Il y a une heure *que* je vous *attends.* ⎬ *for an hour.*
Voilà une heure *que* je vous *attends.* ⎭

An action or a condition which had started in the past and

was continuing up to a certain time in the past is expressed in French by the imperfect with **depuis, depuis quand? depuis que, il y avait . . . que.** The English equivalent is usually the progressive pluperfect (*had been* plus *-ing*):

Je vous *attendais depuis* une heure. Il y avait une heure *que* je vous *attendais.*	*I had been waiting for you for an hour.*

Basic Vocabulary

depuis, *for, since* (prep.)   **depuis quand?** *how long?*
depuis que, *for, since* (conj.)   **laisser,** *leave, let*

Translate:

1. Il pleut tout le temps depuis que je suis ici.
2. Ils sont en France depuis un an.
3. Depuis quand parle-t-il? — Il y a une demi-heure (*half an hour*) qu'il parle.
4. Il y a une heure et demie que j'écris.
5. Il y avait un quart d'heure que nous attendions quand l'autobus est arrivé.
6. Avez-vous vu les enfants? — Je les ai vus tout à l'heure (il y a un moment).
7. J'ai laissé la valise à Chicago. Laissez-le parler. Laissons-le faire.
8. Depuis quand travaillait-il pour les Martin quand il est mort? — Depuis plus de quatre ans.
9. *M. Jourdain:* Et comme l'on parle, qu'est-ce que c'est donc que cela?
   Le Maître de philosophie: De la prose.
   M. Jourdain: Quoi! quand je dis, Nicole, apportez-moi mes pantoufles (*slippers*) et me donnez mon bonnet de nuit, c'est de la prose?
   Le Maître de philosophie: Oui, monsieur.
   M. Jourdain: Par ma foi, il y a plus de quarante (40) ans que je dis de la prose sans que j'en susse rien. — Molière

10. (Voltaire to Rousseau, who believes that civilization corrupts man)

J'ai reçu, monsieur, votre nouveau livre contre le genre humain; je vous en remercie. Vous plairez aux hommes, à qui vous dites leurs vérités, mais vous ne les corrigerez pas. On ne peut peindre avec des couleurs plus fortes les horreurs de la société humaine, dont 5 notre ignorance et notre faiblesse se promettent tant de consolations. On n'a jamais employé tant d'esprit à vouloir nous rendre bêtes; il prend envie de (*one feels like*) marcher à quatre pattes, quand on lit votre ouvrage. Cependant, comme il y a plus de soixante (60) ans que 10 j'en ai perdu l'habitude, je sens malheureusement qu'il m'est impossible de la reprendre, et je laisse cette allure (*gait*) naturelle à ceux qui en sont plus dignes (*worthy*) que vous et moi. — Voltaire

71. devoir (*to owe, be expected to, be supposed to, have to*)

Present

dois	devons
dois	devez
doit	doivent

Past participle

dû   *masculine singular only*

Past definite

dus

Future

devrai

Imperfect subjunctive

dusse

dût

The basic meaning of **devoir** is *to owe,* but this verb varies in meaning in different tenses and contexts. Observe carefully the following:

Il doit chanter.	*He is to sing, is supposed to sing, is expected to sing, has to sing.*
Il devait venir.	*He was to come, was expected to come, was supposed to come, had to come.*
Il dut le faire. } **Il a dû le faire.** }	*He had to do it.* (*ought to have done*)
Il n'est pas ici; il doit être malade.	*He is not here; he must be ill* (*probably is ill*).
Nous devrons partir.	*We have to* (*will have to*) *leave.*
Il n'est pas venu; il a dû être malade.	*He did not come; he must have been ill* (*probably was ill*).
Il me doit dix francs.	*He owes me ten francs.*
Il devrait me payer.	*He ought to pay me.*
Il aurait dû me payer.	*He ought to have paid me.*

Note:

1. The conditional of **devoir** always translates *ought* and the conditional perfect, *ought to have.*
2. Learn the idiom **il doit y avoir,** *there must be.*

Translate:

1. **Jean est-il parti? — Oui, il a dû partir ce matin.**
2. **Marie n'est pas allée à l'école hier** (*yesterday*)**. Elle a dû être malade.**
3. **Vous devriez le lui dire.**
4. **Nous devrons étudier ce soir.**
5. **Michel n'est pas encore arrivé. Nous l'attendons. Il doit jouer du piano.**
6. **Il doit beaucoup à ses professeurs.**
7. **Cela n'explique pas l'affaire. Il doit y avoir quelque raison plus sérieuse.**

8. Pour exécuter de grandes choses il faut vivre comme si on ne devait jamais mourir. — Vauvenargues

9. Les myopes ne doivent pas lire l'histoire; ils perdent leur temps. — Joseph de Maistre

10. Qui veut peindre pour l'immortalité doit peindre des sots. — Fontenelle

11. Les jus de fruit contiennent un facteur dit facteur C, facteur antiscorbutique, dont la fragilité doit être soulignée. Il est, en effet, facilement détruit par l'oxygène de l'air et surtout par la chaleur; c'est dire qu'il fait défaut (*is lacking*) dans les aliments (*foods*) stérilisés. — Léon 5 Binet (Reprinted by permission of the author)

Basic Vocabulary

aussitôt, *immediately*	**quant à,** *as for*
aussitôt que, *as soon as*	**étroit,** *narrow*
dès, *from, since*	**prêt,** *ready*
dès que, *as soon as*	**venir de** (+ infinitive),[1] *to*
tandis que, *while, whereas*	*have just*
à quoi sert . . . ? *What is . . .*	**soit . . . soit,**[2] *either . . . or*
good for?	**avoir lieu,** *to take place*

Translate:

1. des idées étroites, dès ce matin, dès qu'il arrivera, aussitôt qu'il arriva, aussitôt qu'il arrivera, aussitôt après,

---

[1] This common idiom is used only in the present and imperfect tenses:

> Il *vient de* parler.
> He has just *spoken* (literally, *is coming from speaking*).
> Il *venait de* parler.
> He had just *spoken* (literally, *was coming from speaking*).

[2] Note the following:
  1. **Soit!** means *So be it!*
  2. In mathematics *soit* is translated by *let* (*suppose*), *required:*

> **Soit ABC un triangle isocèle.**
> *Let ABC be an isosceles triangle.*
> **Soit à trouver l'angle . . .**
> *Required to find the angle . . .*

tandis qu'il joue, soit qu'il parle soit qu'il se taise, la
réunion aura lieu, quant à lui, prête à partir

2. Écris-moi dès que tu arriveras.

3. Aussitôt que j'arriverai en ville, j'irai le voir.

4. Appelez-moi dès que vous aurez servi le dîner.

5. Aussitôt qu'il sera parti, nous vous le dirons.

6. Le mariage aura lieu demain à six heures.

7. Il s'amusait, tandis que nous travaillions!

8. Aussitôt dit, aussitôt fait.

9. A quoi servent toutes ces choses-là?

10. La loi est l'expression de la volonté générale . . .; elle
doit être la même pour tous, soit qu'elle protège, soit
qu'elle punisse. — *Déclaration des droits de l'homme et du
citoyen*, 1789

11.   Le caractère social de la langue française, auquel il
faut joindre sa grâce, son élégance, sa souplesse (*flexi-
bility*), la prédestinent à être la langue internationale
par excellence. Ensemble ces qualités lui donnent une
5   force de propagande incomparable; elles aident puissamment à l'extension de la civilisation française . . . Si
l'anglais l'emporte dans le monde des affaires, il ne le
doit pas à ses qualités comme langue, mais simplement
au principe de la majorité; aucune autre langue parlée
10   par des Européens ne peut rivaliser avec lui quant à
l'extension et au nombre d'adhérents. La langue française, il est vrai, a pris son rang à un moment où aucune
autre langue n'était prête à le lui contester; mais si elle
a conservé son prestige elle ne le doit pas à la situation
15   politique et commerciale de la France, ni à cette tradition
de trois siècles; elle le doit à elle-même.

        Tandis que les nations de langue anglaise font des
conquêtes territoriales pour l'anglais, le français fait
des conquêtes morales pour la nation. — *Évolution et
20   structure de la langue française*, W. von Wartburg (Reprinted
by permission of A. FRANKE A.-G.)

12. Sans la théorie la pratique n'est que la routine donnée
par l'habitude. La théorie seule peut faire surgir et
développer l'esprit d'invention. C'est à vous surtout qu'il
appartiendra de ne point partager l'opinion de ces
esprits étroits qui dédaignent (*scorn*) tout ce qui dans les 5
sciences n'a pas une application immédiate. Vous connaissez le mot charmant de Franklin. Il assistait à la
première démonstration d'une découverte purement
scientifique. Et l'on demande autour de lui: Mais à quoi
cela sert-il? Franklin répond: «A quoi sert l'enfant qui 10
vient de naître?» Oui, Messieurs, à quoi sert l'enfant qui
vient de naître? — Pasteur

13. Nous croyons que la mission de l'art est une mission
de sentiment et d'amour, que le roman (*novel*) d'aujour-
d'hui devrait remplacer la parabole et l'apologue des
temps naïfs (*primitive*), et que l'artiste a une tâche plus
large (*broader*) et plus poétique que celle de proposer 5
quelques mesures de prudence et de conciliation pour
atténuer l'effroi (*fright*) qu'inspirent ses peintures. Son
but (*goal*) devrait être de faire aimer les objets de sa
sollicitude, et au besoin, je ne lui ferais pas un reproche
de les embellir un peu. L'art n'est pas une étude de la 10
réalité positive; c'est une recherche de la vérité idéale. —
George Sand

14. Permettez-moi de m'expliquer! La peur (et les hommes
les plus hardis peuvent avoir peur), c'est quelque chose
d'effroyable (*frightful*), une sensation atroce, comme une
décomposition de l'âme (*soul*), un spasme affreux de la
pensée et du cœur, dont le souvenir seul donne des 5
frissons (*shivers*) d'angoisse. Mais cela n'a lieu quand
on est brave, ni devant toutes les formes connues du
péril: cela a lieu dans certaines circonstances anormales,
sous certaines influences mystérieuses en face de risques
vagues. La vraie peur, c'est quelque chose comme une 10
réminiscence des terreurs fantastiques d'autrefois (*of*

old). Un homme qui croit aux revenants (*ghosts*) et qui s'imagine apercevoir un spectre dans la nuit (*night*), doit éprouver la peur en toute son épouvantable horreur. — Maupassant

72. THE SUBJUNCTIVE IN INDEPENDENT CLAUSES

The present subjunctive is used in independent clauses to express a command (**Qu'il vienne!** *Let him come!* SECTION 60) or a wish:

> **Que Dieu le bénisse!**
> *God bless him (May God bless him)!*
> **Puissiez-vous réussir!**
> *May you succeed!*
> **Vive la République!**
> *Long live the Republic!*

The imperfect subjunctive in the main clause usually expresses concession:

Il faut attaquer, dussions-nous périr tous.
We must attack, even if all of us were to (should) perish.
Je voudrais la revoir, ne fût-ce qu'un petit moment.
I should like to see her again, were it only for a brief moment.

Note the following:

> **Plût au ciel qu'il en fût ainsi!**
> *Would to heaven it were so!*
> **Plût à Dieu qu'il vécût encore!**
> *Would to God he were still alive!*

Translate:

1. **Que Dieu vous protège!**
2. **Qu'il soit ici demain!**
3. **J'y vais, dût-il me mettre à la porte** (*throw me out*).
4. **Vive le Président!**

5. **Plût au ciel qu'il vînt aujourd'hui!**
6. **Puissent tous les hommes se souvenir qu'ils sont frères!**
— Voltaire
7. **Plût à Dieu que ce Bayle se fût noyé** (*drowned*), **ainsi que ses Hollandais hérétiques! A-t-on jamais vu un plus abominable homme? il expose les choses avec une fidélité si odieuse; il met sous les yeux le pour et le contre avec une impartialité si lâche** (*cowardly*); **il est d'une clarté** 5 **si intolérable qu'il met les gens qui n'ont que le sens commun en état de juger et même de douter. On n'y peut pas tenir** (*can't stand it*); **et pour moi, j'avoue** (*confess*) **que j'entre dans une sainte fureur quand on parle de cet homme-là et de ses semblables.** — Voltaire　　　　　　10

73. aucun, jamais, rien

Aucun (*none, no one*), **jamais** (*never*), and **rien** (*nothing, not anything*), when used with **ne**, are usually translated as indicated in parentheses (see also SECTION 50).

When used without **ne**, but with a verb, **aucun, jamais,** and **rien** usually are translated by *any, ever,* and *anything,* respectively:

> **A-t-il fait *aucune* observation?**
> *Did he make* any *observation?*
> **Avez-vous *jamais rien* vu de si joli?**
> *Have you* ever *seen* anything *so pretty?*

Note:

> **Rien, quelque chose, quelqu'un, personne,** and **ce qu'il y a** take a redundant **de** before an adjective:
>
> > **quelque chose de joli,** *something pretty*
> > **quelqu'un d'important,** *someone important*
> > **ce qu'il y a de beau,** *what is beautiful*

When used alone, without a verb, **aucun, jamais,** and rien
have the full negative force as when used with **ne:**

> **Aucun de ses amis n'est venu. *Aucun!***
> *No one of his friends came. No one!*
> **Avez-vous jamais été à Madison? — *Jamais.***
> *Have you ever been in Madison? — Never.*
> **Qu'avez-vous vu? — *Rien.***
> *What did you see? — Nothing.*

> *Note:* **Personne** and **nul** may also be so used:
> **Personne ne travaille jamais ici. *Personne!***
> *No one ever works here. No one!*

Translate:

1. Nul n'est prophète en son pays. Nul!
2. Faudra-t-il se rendre? — Jamais!
3. (Observe this idiom with **jamais**): Ils étaient séparés *à
   jamais* (*forever*).
4. Alors, personne n'a besoin de rien? — Non, mais tu
   pourras nous apporter quelque chose de joli.
5. Tout ce qu'il y a de certain dans l'histoire de l'homme est
   qu'il naît et qu'il meurt.
6. Quelqu'un d'important est venu vous voir, monsieur.
7. Il n'est rien de plus beau qu'un beau livre. — Joubert
8. Nous ressemblons plus aux singes (*monkeys*) qu'à aucun
   autre animal par le don de l'imitation, par la légèreté de
   nos idées, et par notre inconstance, qui ne nous a jamais
   permis d'avoir des lois uniformes et durables. — Voltaire

Basic Vocabulary

se mêler de, *to dabble in, to*   **s'y prendre,** *to go about it* (do-
   meddle with   *ing something*)
depuis peu, *recently*

Translate:

Le Roi [Louis XIV], se mêle depuis peu de faire des vers;

MM. de Saint-Aignan et Dangeau lui apprennent (*teach*)
comment il s'y faut prendre. Il fit l'autre jour un petit madrigal, que lui-même ne trouva pas trop joli. Un matin il dit au
maréchal de Gramont: «Monsieur le maréchal, je vous prie,   5
lisez ce petit madrigal, et voyez si vous en avez jamais vu un
si impertinent (*silly*). Parce qu'on sait que depuis peu j'aime
les vers, on m'en apporte de toutes les façons.» Le maréchal,
après avoir lu, dit au Roi: «Sire, Votre Majesté juge divine-
ment bien de toutes choses: il est vrai que voilà le plus sot et 10
le plus ridicule madrigal que j'aie jamais lu.» Le Roi se mit à
rire, et lui dit: «N'est-il pas vrai que celui qui l'a fait est bien
fat (*silly*)? — Sire, il n'y a pas moyen de lui donner un autre
nom. — Eh bien! dit le Roi, je suis ravi (*delighted*) que vous
m'en ayez parlé si bonnement (*frankly*); c'est moi qui l'ai fait. 15
— Ah! Sire, quelle trahison! Que Votre Majesté me le rende;
je l'ai lu brusquement. — Non monsieur le maréchal: les
premiers sentiments sont toujours les plus naturels.» —
Mme de Sévigné

74. MISCELLANEOUS

1. When **que** (also **comme**) introduces an exclamation, it
   is often translated by *how:*

   Que (comme) la vie est courte!   *How short life is!*
   Qu'elle est gentille!   *How nice she is!*

   But **que de** introducing an exclamation is translated by
   how many, what a lot of:

   Que de moustiques!   *How many (what a lot of) mosquitoes!*

2. **Que** is sometimes used instead of **pourquoi?** in negative
   sentences with **ne** but without **pas:**

   Que ne le disiez-vous?   *Why didn't you say it?*

   Note:

   Observe the use of **ne** alone in rhetorical questions
   or exclamations after **qui** or **que:**

Qui ne voit cela?
Who does not see that? (That is, everyone does).
Ah! que ne ferais-je pour lui!
Ah! What would I not do for him! (That is, I would do everything for him.)
(For other uses of **ne** alone, see SECTION 50 and SECTION 52.)

3. **Que** often replaces other conjunctions (**quand, comme,** *etc.*). In such cases it usually has the same construction and the same meaning as the preceding conjunction:

Quand vous le verrez et *que* vous lui parlerez, dites-lui cela.
When you see him and when *you talk to him, tell him that.*

Observe, though, when **que** replaces **si** (*if*), the verb which follows **que** is in the subjunctive:

Si **vous y allez et *que* vous le *voyiez*, dites-lui cela.**
If you go there and if you see him, tell him that.

4. **Que** is sometimes equivalent to *namely:*

C'est une belle ville que Madison.
Madison is a beautiful city.
(Literally, *It is a beautiful city, namely, Madison.*)
Quelle belle ville que Madison!
What a beautiful city Madison is!

5. In addition to their literal meanings, the following imperatives have idiomatic meanings which must be determined by the context:

va, allons, allez, tiens, tenez, voyons

Allons, du courage!
Come (now), (have) courage!
Allons donc!
Nonsense! or *Why, of course!*

J'en suis très content, va!
I am very glad of it, I assure you!
Tiens!
Well! Really! You don't say!

Note:

Par exemple, literally, *for example*, in exclamations
sometimes means *the idea, to be sure, by no means, upon
my word, certainly.*

6. When nous autres or vous autres is followed by a noun,
   the word autres is not to be translated; its force may be
   rendered by stress:

   Nous autres Américains nous aimons les sports.
   We *Americans* (*do*) *love sports.*
   Vous autres professeurs vous lisez beaucoup.
   You *professors read a lot.*

7. Familiarize yourself with the French numbers (Appendix
   A). Notice particularly the hyphenated numbers.

   Note the following:
   1. -aine, when added to a number, modifies the exact
      meaning of that number to *about* that number. Thus
      cent means *one hundred*, but une centaine means
      about one hundred. The plural of une centaine, une
      dizaine, *etc.* is translated by *hundreds, tens, etc.*
   2. In French, decimals are set off by a comma, and
      thousands are indicated by a period, exactly the op-
      posite of English:

FRENCH	ENGLISH
1.722.394,80	1,722,394.80

Translate:

1. Vous autres femmes vous êtes intéressantes dès que vous
   aimez.

2. Si vous faites ce travail-là et que vous le finissiez avant six heures (*o'clock*), donnez-moi un coup de téléphone (téléphonez-moi).

3. Supposons que notre monsieur X... Pardon! Je veux dire *votre* monsieur X, car je vous le donne maintenant que nous touchons à la fin du livre; supposons, disais-je, que votre ami X soit un lâche (*coward*). Vous connaissez
5   ce petit trait de sa personnalité. Vous en êtes sûr. Vous en êtes tout à fait convaincu. Supposons aussi que vous entendiez dire que votre monsieur X ait fait quelque chose d'héroïque. Votre première pensée, en apprenant cela, ne sera-t-elle pas: allons donc!?

4. Que de choses se disent sans ouvrir la bouche! — paraphrasing J.–J. Rousseau

5. Qu'un cuisinier (*cook*) est un mortel divin! — Voltaire

6. Il se tue (*kills himself*) à rimer: que n'écrit-il en prose? — Boileau

7. Qu'un ami véritable est une douce chose! — La Fontaine

8. La race, comme nous l'entendons, nous autres historiens, est donc quelque chose qui se fait et se défait.[1] L'étude de la race est capitale pour le savant qui s'occupe de l'histoire de l'humanité. Elle n'a pas d'application en politique. La
5   conscience instinctive qui a présidé à la confection de la carte (*map*) d'Europe n'a tenu aucun compte de la race, et les premières nations de l'Europe sont des nations de sang essentiellement mélangé. — Renan

---

[1] **Dé-** often denotes the opposite meaning of the word to which it is prefixed. (Cf. merit and *de*merit in English):

faire	défaire
mérite	démérite
plaire	déplaire

Dé- is spelled **dés-** (for the sound) when the word starts with a vowel or silent **h**:

armement	désarmement
honneur	déshonneur
obéir	désobéir

75. Faux amis (FALSE FRIENDS)

There are some French words which look like English words but have different meanings, while others have both the same meanings as the English words they resemble as well as different meanings. The following list contains the most common and useful of such false cognates. Review those that you have had and learn the rest of the list. With few exceptions, those you have had many times (**enfant, car, loin,** *etc.,*) are not listed here:

achever, *to finish*

actuellement, *at the present time, actually* (cf. **actuel**)

adresse, f., *skill, cunning, address*

arrêter, *to stop, to decide, to arrest*

bête, f., *fool, blockhead, animal, beast;* adj., *stupid*

blesser, *to wound, to hurt*

brave, before noun: *good, worthy;* after noun: *brave*

causer, *to chat, to cause*

chance, f., *luck, good fortune, chance* (**avoir de la chance,** *to be lucky*)

conférence, f., *lecture, conference*

davantage, *more*

défendre, *forbid, defend*

disgrâce, f., *misfortune, disfavor, disgrace*

esprit, m., *mind, intelligence, wit, spirit*

figure, f., *face*

garder, *to keep, to guard*

gentil, *nice*

humeur, f., *disposition, temper; humor* (usually when modified by **bonne** or **mauvaise**)

ignorer, *to be unaware of, not to know*

injurier, *to insult* (cf. **injure,** f.)

journée, f., *day*

justement, *exactly, precisely, as it happened, justly*

lecteur, m., *reader* (**lecture,** f. *reading*)

marcher, *to walk* (of machines, etc., *to run, to go, to function, etc.*), *to march,* (**marche,** f.)

parent, parente, *relative, parent*

particulier, *peculiar, special, private, particular* (**un particulier,** *an individual*)

physicien, m., *physicist*

pièce, f., *room, play, piece*

place, f., *public square, seat, place*

plaisanter, *to joke* (plaisant, *funny, queer, pleasant*)

rapport, m., *relation, report*

remarquer, *to notice, to observe, to remark*

rester, *to stay, to remain*

salaire, m., *wages* (salary = traitement, m.)

sensible, *sensitive, responsive*

sorte, f., *manner, way, sort* (de la sorte, *in this way, in that way*)

souvenir, m., *remembrance, memory, recollection*

spirituel, *witty, lively, humorous, spiritual*

superbe, *proud, haughty, superb, splendid*

Translate:

1. il achève, nous achevons, ils ont achevé, des expériences de physique, loin d'ici, un gentil garçon, une gentille petite fille, un homme d'esprit, perdre l'esprit, faire de l'esprit, des parents proches (*close*), un souvenir vague

2. il trompe, il se trompe, une grande ville, un ancien ami, un brave homme, il appelle, il s'arrête, ils injurient, ils s'injuriaient, une figure pâle, je reste

3. nous demeurons, sensible à l'amour, de la sorte, en quelque sorte, un savant physicien, un homme très superbe, les pièces de Shakespeare, les pièces de cette maison, un livre de lecture, trois de mes parents

4. Nous ne pouvons le souffrir. Sa présence chez nous nous blesse.

5. Voici le résultat des expériences que nous avons faites au laboratoire.

6. J'ai gardé un doux souvenir de ces jours-là.

7. Aujourd'hui notre professeur s'est surpassé, comme Zarathoustra. Il a fait une bonne conférence.

8. Alors, vous convenez que j'ai raison? Si j'en conviens! Mais oui, monsieur le directeur.

9. Je vous défends d'en parler davantage!

10. Restez ici jusqu'à ce que je revienne.

11. Je vous assure que je n'éprouve aucune envie de lui parler.

12. Nous ne savions pas que Paul était parti. Nous l'ignorions tout à fait.

13. La plupart des physiciens sont des mathématiciens.

14. Je ne lui ai pas parlé devant sa femme. Je lui ai parlé en particulier.

15. Voyez-vous quelque rapport entre ces idées-là?

16. Le temps marche. Il mit la radio en marche. Ma montre (*watch*) ne marche plus. Il marche derrière ses bêtes.

17. Il y a une belle place à Paris qui s'appelle la Place de la Concorde.

18. Est-ce que votre ami X est sensible à l'amour?

19. Il reste à l'école jusqu'au soir.

20. Remarquez ce chapeau-là. La mode actuelle ne vous semble-t-elle pas un peu ridicule?

21. Combien de pièces y a-t-il dans cette maison (*house*)?

22. Nous avons causé pendant une heure.

23. Mon Dieu! que je suis bête. Je ne sais rien et je ne sais même cela.

24. Avez-vous assisté à l'accident?

25. Mon père et moi nous sommes allés voir nos parents de Philadelphie.

26. Ils se sont querellés. Ils se sont injuriés.

27. As-tu assisté à la conférence des directeurs de la banque?

28. J'éprouve une sensation particulière dans la tête.

29. Le malade a repris ses forces.

30. Il lui arrive souvent de parler sans réfléchir.

31. Il avait travaillé toute la journée.

32. Je trouve plaisant, ma chérie (*darling*), de croire que je l'aime.

33. Elle veut faire de l'esprit, mais elle n'est pas spirituelle. Il s'en faut de beaucoup.

34. Il fut arrêté qu'ils partiraient dans une heure.

35. Qui vous a dit cela? — Mon propre fils.

36. Le nombre des membres du congrès des États-Unis est actuellement 526.

37. Je le regrette, mon ami. Justement ce matin j'ai prêté de l'argent à Louis et je n'ai pas un sou (*cent*).

38. Qu'est-ce que ça veut dire, il n'est propre à rien?

39. Le lecteur qui croit tout ce qu'il lit n'est pas très intelligent.

40. Alors, au revoir, et bonne chance!

41. La nécessité est mère de l'industrie, n'est-ce pas?

42. Nous nous consolons aisément des disgrâces de nos amis lorsqu'elles servent à signaler notre tendresse pour eux. — La Rochefoucauld

43. Si je ne vaux pas mieux, au moins je suis autre. — J.-J. Rousseau

44. Le génie commence les beaux ouvrages (*works*), mais le travail seul les achève. — Joubert

45. En mathématiques on suppose, en physique on pose et on établit; là ce sont des définitions, ici ce sont des faits; on va de définitions en définitions dans les sciences abstraites, on marche d'observations en observations
5   dans les sciences réelles; dans les premières on arrive à l'évidence, dans les dernières à la certitude. — Buffon

46. Les chiens (*dogs*) qui n'ont jamais prétendu rivaliser avec les navigateurs de l'air sous le rapport de l'érudition géographique et de la mémoire des yeux, mais qui possèdent en revanche la mémoire du nez que n'ont pas les
5   seconds, les chiens ne s'y prennent pas autrement que les oiseaux (*birds*) pour retrouver leur route. Un chien de chasse prudent qui s'embarque en diligence (*stagecoach*) ou en chemin de fer (*train*) pour une expédition lointaine, n'oubliera jamais de prendre des notes, à l'aide
10   du regard et du nez, sur l'aspect général du pays qu'il traverse, sur les accidents (*natural phenomena*) d'arbres, de rochers, de fleuves (*rivers*), de collines (*hills*), sur la *senteur* (*smell*) des lieux. — *Physiologie de l'oiseau*, A. Toussenel

47. Le roi de France Louis XVIII était près de mourir. Son futur successeur, son frère Charles d'Artois, était près

de lui. Le roi, ayant lu sur la figure de ses médecins qu'ils
avaient perdu tout espoir de le sauver, leur dit: «Allons,
finissons-en (*let's get it over with*), Charles attend.»[1]

Basic Vocabulary

bien des (= beaucoup de)	auparavant, *before*
c'est que, *the reason is, the fact is,*	se garder bien de, *to be very*
it is because	*careful not to* (literally, *to*
tâcher de (= chercher à), *to*	*guard oneself from*)
try to	

Review the various meanings of **devoir**, SECTION 71, and
translate:

Il y eut bien des salons distingués au XVIIIe siècle. Mme
Récamier les connaissait tous et en parlait très bien; celui
qui aurait voulu en écrire avec goût aurait dû en causer
auparavant avec elle; mais aucun ne devait ressembler au
sien.   5
C'est qu'aussi elle ne ressemblait à personne. M. de
Chateaubriand était l'orgueil (*pride*) de ce salon, mais elle en
était l'âme (*soul*), et c'est elle qu'il faudrait tâcher de montrer
à ceux qui ne l'ont pas connue; car vouloir la rappeler aux
autres est inutile, et la leur peindre est impossible. Je me 10
garderai bien d'essayer ici de donner d'elle une biographie.
Même quand elles n'ont rien d'essentiel à cacher (*hide*) les
femmes ne sauraient que perdre en charme au texte d' (*in
the course of*) un récit continu. Est-ce qu'une vie de femme se
raconte? Elle se sent, elle passe, elle apparaît. J'aurais bien 15
envie même de ne pas mettre du tout de date, car les dates
en tel sujet, c'est peu élégant. — Sainte-Beuve

[1] The sound of **Charles attend** is not distinguishable from that of **char-latans**.

$\mathcal{R}$eview 8 (SECTIONS 62–75)

Translate:

1. elle pleurait, elle pleurerait, il est tombé, j'envoie, ils enverront, il me renverrait, ne fuyez pas, il hait, il haït, nous restons, elle avait laissé, ils luttaient, vous devriez, vous auriez dû, pour que vous souriiez

2. plusieurs fois, de peur de la revoir, tant que, tandis que, à savoir, aussitôt qu'il partit, dès qu'elle arriva, depuis peu, depuis longtemps, depuis quand? un souvenir très confus, une femme superbe

3. un brave homme, la porte étroite, justement ce que je pense, soit . . . soit, à peu près, vu de près, depuis qu'il pleut, la plupart des garçons, une jeune fille très douce, le lecteur de ce livre

4. Soit! La fête aura lieu demain. Vous vous riez de lui. Paul vient de partir. Ce climat-là n'est pas doux. A quoi sert cet objet?

5. Elle se moque de son mari. — Cela n'en vaut pas la peine!

6. Auxquelles avez-vous parlé?

7. Qu'est-ce que tu as vu?

8. Qu'est-ce qu'ils veulent?

9. Qu'est-ce qui se passe?
10. À qui est cette belle automobile?
11. Nous aimons la musique, nous autres Italiens.
12. Il est perdu à jamais.
13. Puissent-ils réussir!
14. Je lui apprendrai à parler, fût-il Hercule lui-même.
15. Depuis quand m'attendiez-vous quand je suis arrivé?
16. Je l'ai vue passer tout à l'heure (il y a un instant).[1]
17. Il y avait une heure qu'il parlait.
18. Mon Dieu! que de déceptions.
19. La fortune sourit à votre ami.
20. Ils ont sauvé les apparences.
21. Comme elle est gentille!
22. Souffrez que je vous dise ce qui est arrivé. *what has happened*
23. Peut-être était-elle malade.
24. Le ciel était couvert. Le ciel s'était couvert.
25. Avez-vous rien lu de Flaubert?
26. Avez-vous jamais été en France?
27. Nous n'avons aucune confiance en lui.
28. Est-ce qu'il faut répondre de la sorte?
29. A peine reçoit-il de l'argent qu'il le dépense.
30. Ne vous faut-il rien d'autre?
31. C'est justement ce que me disait mon père.
32. Il y allait de son honneur. Il a dû se venger.
33. Tout le monde fuyait ce monsieur.
34. C'est une grande disgrâce que de vouloir faire de l'esprit sans avoir de l'esprit.
35. Après avoir causé une dizaine de minutes, ils se sont endormis.
36. Il n'y a rien de plus beau que le sourire d'un petit enfant.
37. Je vous défends de le lui dire.
38. Qui est le professeur qui fait ces conférences?

---

[1] Note this idiom: **Tout à l'heure** means *a little while ago* when the verb is in the past; it means *in a little while* when the verb is in the present or future (**Nous partirons tout à l'heure,** *We shall leave in a little while*).

39. Monsieur X est un sénateur habile; aussi a-t-il été réélu plusieurs fois.

40. Quelque valides que soient vos raisons, il ne les acceptera pas.

41. Puis-je garder la monnaie (*change*)?

42. Vive la liberté!

43. Je suis les autres.

44. Tant que je vivrai je me le rappellerai.

45. Quoi que vous disiez, il ne vous croira pas.

46. Aussitôt que j'aurai fini ce travail, nous irons au cinéma.

47. Qu'est-ce que c'est que la modestie?

48. Il vaudra mieux qu'il vienne tout de suite.

49. Il devait le faire sous peine de passer pour lâche (*coward*).

50. Ignorez-vous qu'il soit parti? — Non, je ne l'ignore pas. Je l'ai su ce matin.

51. Chaque fois que je le vois j'éprouve une grande émotion.

52. Nous avons arrêté de le lui dire aussitôt.

53. Il nous a fallu rester un instant.

54. Elle se couvrait la figure de ses mains.

55. Vous plaisantez, monsieur. Votre excuse est amusante.

56. Ils se sont injuriés pendant un quart d'heure. Que d'injures dans un quart d'heure!

57. Bien entendu (naturellement), ceux qui parlent beaucoup ne sont pas nécessairement spirituels.

58. Dites, Paul, ne marchez pas si vite (*quickly*).

59. Un jour l'énergie atomique fera marcher les petites machines.

60. Avez-vous remarqué comment il me regardait? On eût dit qu'il me connaissait.

61. Donnez-moi celui-ci et gardez celui-là.

62. J'avais envie de rire et de pleurer tout à la fois.

63. Quelle musique! cela blesse les oreilles (*ears*).

64. Voici comment il faut s'y prendre.

65. Avez-vous vu quelqu'un? — Personne.

66. Depuis peu il se mêle de politique.

67. De quoi vous mêlez-vous, monsieur? Mêlez-vous de vos affaires!

68. Si vicieux qu'il soit, il n'osera jamais faire cela.

69. Crois-tu qu'elle me haïsse? — Tu as de la chance. Elle ne te hait pas.

70. J'ignorais qu'il était parti.

71. Il devait avoir l'esprit ailleurs.

72. La terreur était peinte sur sa figure.

73. Votre monsieur X se croit très habile, et, comme Figaro, supérieur aux événements.

74. L'homme ne vit pas de pain (*bread*) seul. — The Bible

75. Mieux vaut tard que jamais. — Proverb

76. Pour grands que soient les rois (*kings*), ils sont ce que nous sommes. — Corneille

77. Savez-vous rien de plus triste (*sad*) qu'un oiseau (*bird*) mort? — Daudet

78. O Liberté! que de crimes on commet en ton nom! — Mme Roland upon mounting the scaffold

79. O mortels! comment avez-vous fait pour vous rendre aussi malheureux que vous l'êtes? Que je vous plains et que je vous aime! — Diderot

80. Chose défendue, chose désirée. — Proverb

81. L'ignorance vaut mieux qu'un savoir affecté. — Boileau

82. Qu'on réfléchisse encore à ce qui se passe dans le jeûne (*fasting*) prolongé. C'est un fait remarquable que, chez des animaux morts de faim (*hunger*), on trouve le cerveau (*brain*) à peu près intact, alors que (*whereas*) les autres organes ont perdu une partie plus ou moins 5 grande de leur poids (*weight*) et que leurs cellules ont subi des altérations profondes. Il semble que le reste du corps ait soutenu le système nerveux jusqu'à la dernière extrémité, se traitant lui-même comme un simple moyen dont celui-ci serait la fin. — *L'Évolution créatrice*, Bergson 10 (Reprinted by permission of the PRESSES UNIVERSITAIRES DE FRANCE)

83. Pendant toute notre conversation, et sauf quelques
bouffées de violence quand il s'est agi de l'Angleterre, le
Führer a été calme, modéré, conciliant. On eût été en
droit d'imaginer qu'on avait devant soi un homme bien
5   équilibré, plein d'expérience et de sagesse et qui ne
désirait rien tant que de faire régner la paix parmi les
peuples. M. Hitler à certains moments a parlé de l'Europe, de ses sentiments d'Européen, plus réels que ceux
que beaucoup d'autres étalent bruyamment (*display*
10   *noisily*). Il a parlé de la «civilisation blanche» comme
d'un bien commun et précieux, qu'il faut défendre. Il a
paru sincèrement frappé (*struck*) de l'antagonisme per-
sistant qui survivait à l'accord de Munich et que révélait
à ses yeux avec une netteté (*clearness*) particulière l'attitude
15   britannique. Manifestement la perspective d'une crise
prochaine, l'éventualité d'une guerre générale sont
présentes à son esprit. Peut-être est-il au fond de lui-
même sceptique sur les chances qu'il peut y avoir de
prévenir pareil (*such a*) drame? Il semble en tout cas
20   désireux de le tenter (*try*) ou de l'avoir tenté, pour mettre
en repos sinon sa conscience, du moins celle de son
peuple. Et c'est par la France qu'il pense que l'opération
doit être abordée. — François-Poncet, French ambassador
to Berlin (*Livre jaune*, 1938)

84. L'Astronomie, par la dignité de son objet et la perfection de ses théories, est le plus beau monument de
l'esprit humain, le titre le plus noble de son intelligence.
Séduit par les illusions des sens et de l'amour-propre,
5   l'homme s'est regardé longtemps comme le centre du
mouvement des astres (*stars*) et son vain orgueil (*pride*)
a été puni par les frayeurs (*frights*) qu'ils lui ont inspirées.
Enfin, plusieurs siècles de travaux ont fait tomber le
voile, qui lui cachait (*hid*) le système du monde. Alors il
10   s'est vu sur une planète presque imperceptible dans le
système solaire dont la vaste étendue n'est elle-même

qu'un point insensible dans l'immensité de l'espace. Les
résultats sublimes auxquels cette découverte l'a conduit
sont bien propres à le consoler du rang qu'elle assigne à
la terre, en lui montrant sa propre grandeur dans l'ex- 15
trême petitesse de la base qui lui a servi pour mesurer
les cieux. Conservons avec soin (*care*), augmentons le
dépôt de ces hautes connaissances (*knowledge*), les
délices des êtres pensants. Elles ont rendu d'importants
services à la Navigation et à la Géographie, mais leur 20
plus grand bienfait est d'avoir dissipé les craintes (*fears*)
produites par les phénomènes célestes et détruit les
erreurs nées de l'ignorance de nos vrais rapports avec
la nature, — erreurs et craintes qui renaîtraient prompte-
ment, si le flambeau des sciences venait à s'éteindre. — *Le* 25
Système du monde, Laplace

Appendix A

NUMBERS

1.	un, une	20.	vingt
2.	deux	21.	vingt et un
3.	trois	22.	vingt-deux
4.	quatre	23.	vingt-trois
5.	cinq	24.	vingt-quatre
6.	six	25.	vingt-cinq
7.	sept	26.	vingt-six
8.	huit	27.	vingt-sept
9.	neuf	28.	vingt-huit
10.	dix	29.	vingt-neuf
11.	onze	30.	trente
12.	douze	31.	trente et un
13.	treize	32.	trente-deux
14.	quatorze	33.	trente-trois
15.	quinze	34.	trente-quatre, *etc.*
16.	seize	40.	quarante
17.	dix-sept	41.	quarante et un
18.	dix-huit	42.	quarante-deux, *etc.*
19.	dix-neuf	50.	cinquante

NUMBERS

51. cinquante et un	80. quatre-vingts
52. cinquante-deux, *etc.*	81. quatre-vingt-un
60. soixante	82. quatre-vingt-deux
61. soixante et un	83. quatre-vingt-trois, *etc.*
62. soixante-deux, *etc.*	90. quatre-vingt-dix
70. soixante-dix	91. quatre-vingt-onze
71. soixante et onze	92. quatre-vingt-douze
72. soixante-douze	93. quatre-vingt-treize, *etc.*
73. soixante-treize	100. cent
74. soixante-quatorze	101. cent un
75. soixante-quinze	200. deux cents
76. soixante-seize	201. deux cent un
77. soixante-dix-sept	1,000. mille
78. soixante-dix-huit	1,001. mille un
79. soixante-dix-neuf	2,000. deux mille

1,000,000. un million

1,000,000,000. un milliard

Appendix B

COMMON FRENCH ABBREVIATIONS

c.-à-d. = c'est-à-dire, *that is*

Cie or C^e = compagnie, *company*

fr. or f. = francs, *francs*

h. = heure, *hour, o'clock*

J.–C. = Jésus-Christ, *Jesus Christ*
  (Apr. —, *A.D.;* Av. —, *B.C.*)

M. = monsieur, *Mr.*

MM. = messieurs, *Messrs.*

M^d = marchand, *merchant*

M^e (pl. M^{es}) = maître, is used with names of notaries and law-
  yers instead of monsieur

Mgr (pl. NNSS.) = monseigneur, *My Lord, Your Grace*
  (addressing a bishop)

Mlle (pl. Mlles) = mademoiselle, *Miss*

Mme (pl. Mmes) = madame, *Mrs.*

M^n = maison, *house, firm*

N.–D. = Notre-Dame, *Our Lady*

N.–S. = Notre-Seigneur, *Our Lord*

n^o = numéro, *number*

197

R.S.V.P. = **Répondez s'il vous plaît,** *An answer is requested*
S.A.R. = **Son Altesse Royale,** *His Royal Highness*
S. Exc. = **Son Excellence,** *His Excellency*
S.M. (pl. **LL.MM.**) = **Sa Majesté,** *His (Her) Majesty*
S.S. = **Sa Sainteté,** *His Holiness*
s.v.p. = **s'il yous plaît,** *if you please*
Ve = **veuve,** *widow*
1er (fem. **1**re) = **premier,** *first*
2e = **deuxième,** *second*

Appendix C

1. REGULAR VERBS

I	II	III
trouver, *to find*	**agir,** *to act*	**vendre,** *to sell*
trouvant, *finding*	**agissant,** *acting*	**vendant,** *selling*
trouvé, *found*	**agi,** *acted*	**vendu,** *sold*

Present	Present	Present
je trouve	**j'agis**	**je vends**
tu trouves	**tu agis**	**tu vends**
il trouve	**il agit**	**il vend**
nous trouvons	**nous agissons**	**nous vendons**
vous trouvez	**vous agissez**	**vous vendez**
ils trouvent	**ils agissent**	**ils vendent**
(*I find* or *I am finding* or *I do find, etc.*)	(*I act* or *I am acting* or *I do act, etc.*)	(*I sell* or *I am selling* or *I do sell, etc.*)

Imperfect	Imperfect	Imperfect
je trouvais	**j'agissais**	**je vendais**
tu trouvais	**tu agissais**	**tu vendais**
il trouvait	**il agissait**	**il vendait**

199

nous trouvions
vous trouviez
ils trouvaient

(I *found* or I *was finding* or I *used to find*, etc.)

nous agissions
vous agissiez
ils agissaient

(I *acted* or I *was acting* or I *used to act*, etc.)

nous vendions
vous vendiez
ils vendaient

(I *sold* or I *was selling* or I *used to sell*, etc.)

Past Definite

je trouvai
tu trouvas
il trouva
nous trouvâmes
vous trouvâtes
ils trouvèrent

(I *found*, etc.)

Past Definite

j'agis
tu agis
il agit
nous agîmes
vous agîtes
ils agirent

(I *acted*, etc.)

Past Definite

je vendis
tu vendis
il vendit
nous vendîmes
vous vendîtes
ils vendirent

(I *sold*, etc.)

Future

je trouverai
tu trouveras
il trouvera
nous trouverons
vous trouverez
ils trouveront

(I *shall find, you will find*, etc.)

Future

j'agirai
tu agiras
il agira
nous agirons
vous agirez
ils agiront

(I *shall act, you will act*, etc.)

Future

je vendrai
tu vendras
il vendra
nous vendrons
vous vendrez
ils vendront

(I *shall sell, you will sell*, etc.)

Conditional

je trouverais
tu trouverais
il trouverait
nous trouverions
vous trouveriez
ils trouveraient

(I *should find, you would find*, etc.)

Conditional

j'agirais
tu agirais
il agirait
nous agirions
vous agiriez
ils agiraient

(I *should act, you would act*, etc.)

Conditional

je vendrais
tu vendrais
il vendrait
nous vendrions
vous vendriez
ils vendraient

(I *should sell, you would sell*, etc.)

Imperative

trouve,[1] *find*
qu'il trouve, *let him find*
trouvons, *let us find*
trouvez, *find*
qu'ils trouvent, *let them find*

Imperative

agis, *act*
qu'il agisse, *let him act*
agissons, *let us act*
agissez, *act*
qu'ils agissent, *let them act*

Imperative

vends, *sell*
qu'il vende, *let him sell*
vendons, *let us sell*
vendez, *sell*
qu'ils vendent, *let them sell*

Present Subjunctive

(que) je trouve
(que) tu trouves
(qu') il trouve
(que) nous trouvions
(que) vous trouviez
(qu') ils trouvent

Present Subjunctive

(que) j'agisse
(que) tu agisses
(qu') il agisse
(que) nous agissions
(que) vous agissiez
(qu') ils agissent

Present Subjunctive

(que) je vende
(que) tu vendes
(qu') il vende
(que) nous vendions
(que) vous vendiez
(qu') ils vendent

Note:

For the translations of the present subjunctive, see
SECTION 51.

[1] This form becomes **trouves** before **y** or **en.**

Imperfect Subjunctive

(que) je trouvasse
(que) tu trouvasses
(qu') il trouvât
(que) nous trouvassions
(que) vous trouvassiez
(qu') ils trouvassent

Imperfect Subjunctive

(que) j'agisse
(que) tu agisses
(qu') il agît
(que) nous agissions
(que) vous agissiez
(qu') ils agissent

Imperfect Subjunctive

(que) je vendisse	(que) nous vendissions
(que) tu vendisses	(que) vous vendissiez
(qu') il vendît	(qu') ils vendissent

Note:

For the translations of the imperfect subjunctive, see
SECTION 65.

2. AUXILIARY VERBS

avoir, *to have*   être, *to be*
ayant, *having*   étant, *being*
eu, *had*   été, *been*

Present

j'ai   nous avons   je suis   nous sommes
tu as   vous avez   tu es   vous êtes
il a   ils ont   il est   ils sont
(*I have* or *I am having* or *I do*   (*I am, etc.*)
have, *etc.*)

Imperfect

j'avais   nous avions   j'étais   nous étions
tu avais   vous aviez   tu étais vous étiez
il avait   ils avaient   il était ils étaient
(*I had* or *I was having* or *I*   (*I was* or *I used to be, etc.*)
used to have, *etc.*)

Past Definite

j'eus   nous eûmes
tu eus   vous eûtes
il eut   ils eurent
(*I had, etc.*)

Past Definite

je fus   nous fûmes
tu fus   vous fûtes
il fut   ils furent
(*I was, etc.*)

Future

j'aurai   nous aurons
tu auras vous aurez
il aura   ils auront
(*I shall have, you will have, he will have, etc.*)

Future

je serai nous serons
tu seras vous serez
il sera   ils seront
(*I shall be, you will be, he will be, etc.*)

Conditional

j'aurais   nous aurions
tu aurais vous auriez
il aurait ils auraient
(*I should have, you would have, he would have, etc.*)

Conditional

je serais nous serions
tu serais vous seriez
il serait ils seraient
(*I should be, you would be, he would be, etc.*)

Imperative

aie, *have*
qu'il ait, *let him have*
ayons, *let us have*
ayez, *have*
qu'ils aient, *let them have*

Imperative

sois, *be*
qu'il soit, *let him be*
soyons, *let us be*
soyez, *be*
qu'ils soient, *let them be*

Present Subjunctive

(que) j'aie
(que) tu aies
(qu') il ait
(que) nous ayons
(que) vous ayez
(qu') ils aient

Present Subjunctive

(que) je sois
(que) tu sois
(qu') il soit
(que) nous soyons
(que) vous soyez
(qu') ils soient

Imperfect Subjunctive

(que) j'eusse
(que) tu eusses
(qu') il eût
(que) nous eussions
(que) vous eussiez
(qu') ils eussent

Imperfect Subjunctive

(que) je fusse
(que) tu fusses
(qu') il fût
(que) nous fussions
(que) vous fussiez
(qu') ils fussent

3. COMPOUND TENSES

Compound tenses are formed by adding the past participle of the principal verb to the auxiliary verb (usually **avoir**, sometimes **être**).

avoir trouvé, *to have found*
ayant trouvé, *having found*

être arrivé(e)(s), *to have arrived*
étant arrivé(e)(s), *having arrived*

Past Indefinite

j'ai trouvé, *etc.*
(*I have found* or *I found* or *I did find, etc.*)

Past Indefinite

je suis arrivé(e) *etc.*
(*I have arrived* or *I arrived* or *I did arrive, etc.*)

Pluperfect

j'avais trouvé, *etc.*
(*I had found, etc.*)

Pluperfect

j'étais arrivé(e), *etc.*
(*I had arrived, etc.*)

Past Anterior

j'eus trouvé, *etc.*
(*I had found, etc.*)

Past Anterior

je fus arrivé(e), *etc.*
(*I had arrived, etc.*)

Future Perfect

j'aurai trouvé, *etc.*
(*I shall have found, you will have found, etc.*)

Future Perfect

je serai arrivé(e), *etc.*
(*I shall have arrived, you will have arrived, etc.*)

Conditional Perfect

j'aurais trouvé, *etc.*

(*I should have found, you would
have found, etc.*)

Conditional Perfect

je serais arrivé(e), *etc.*

(*I should have arrived, you
would have arrived, etc.*)

Present Perfect Subjunctive

(**que**) **j'aie trouvé,** *etc.*
(SECTION 51)

Present Perfect Subjunctive

(**que**) **je sois arrivé(e),** *etc.*
(SECTION 51)

Pluperfect Subjunctive

(**que**) **j'eusse trouvé,** *etc.*
(SECTION 65)

Pluperfect Subjunctive

(**que**) **je fusse arrivé(e),** *etc.*
(SECTION 65)

4. ORTHOGRAPHICAL PECULIARITIES IN VERBS OF FIRST CONJUGATION

a. Verbs ending in -cer

The **c** of verbs ending in -**cer** is spelled with a cedilla whenever the **c** comes before an **a** or **o**: **commençant, commençons, commençais,** *etc.*

b. Verbs ending in -ger

Verbs ending in -**ger** take an **e** before **a** or **o**: **voyageant, voyageons, voyageais,** *etc.*

c. Verbs ending in -yer

Some forms of verbs ending in -**yer** (**employer,** *etc.*) are spelled with an **i** instead of **y**: **j'emploie, ils emploient.**

d. Verbs with stem vowel e or é

Verbs which have a mute **e** or **é** in the stem vowel just before the ending (**promener, préférer,** *etc.*) change that **e** or **é** to **è** in certain forms: **je promène, je promènerai, il préfère,** *etc.*

Note:

> **appeler,** *to call*, and its compounds, and **jeter,** *to throw*, and its compounds double the **l** and the **t** respectively in certain forms: **j'appelle, nous jetterons,** *etc.*

5. IRREGULAR VERBS

Note well:

> a. All verbs are listed alphabetically.
>
> b. All forms not given below are either regular or they do not offer any appreciable difficulty.
>
> c. Since the future and the conditional have the same stem, only the future will be given.

acquérir (*to acquire*)

FUTURE   **acquerrai**
PAST PARTICIPLE   **acquis**
> Like **acquérir:** **s'enquérir,** *to inquire*
> **requérir,** *to require, to claim*

aller (*to go*)

PRESENT INDICATIVE   **vais, vas, va, allons, allez, vont**
FUTURE   **irai**
PRESENT SUBJUNCTIVE   **aille, ailles, aille, allions, alliez, aillent**
COMPOUND TENSES   with **être: je suis allé(e),** *etc.*
> Like **aller:** **s'en aller,** *to go away*

Note:

> The **en** of **s'en aller** precedes the verb (the auxiliary in compound tenses) in all cases except the imperative *affirmative:* **je m'en vais, je m'en suis allé(e),** *etc.,* but **allez-vous-en.**

asseoir (*to seat*)

PRESENT PARTICIPLE asseyant or assoyant

PRESENT INDICATIVE assieds, assieds, assied, asseyons,
asseyez, asseyent or assois, assois,
assoit, assoyons, assoyez, assoient

IMPERFECT asseyais, *etc.* or assoyais, *etc.*

PAST DEFINITE assis, *etc.*

FUTURE asseyerai or assiérai or assoirai

PAST PARTICIPLE assis

Like asseoir: s'asseoir, *to sit down*

battre (*to beat*)

This verb loses one t in the present: bats, bats, bat; otherwise like vendre.

Like battre: se battre, *to fight*
abattre, *to fell*
se débattre, *to struggle*
rabattre, *to beat down*

boire (*to drink*)

Some forms of boire have a u instead of oi in the stem (buvant, j'ai bu, *etc.*).

connaître (*to know, to be acquainted with*)

PRESENT INDICATIVE connais, connais, connaît, connaissons, connaissez, connaissent

PAST PARTICIPLE connu

Like connaître: paraître, *to appear*
(and compounds of both)

courir (*to run*)

FUTURE courrai

Like courir: accourir, *to run up, to hasten*
(and other compounds of courir)

craindre (*to fear*)

PRESENT PARTICIPLE craignant
PRESENT INDICATIVE crains, crains, craint, craignons, craignez, craignent
IMPERFECT craignais
PAST DEFINITE craignis
PRESENT SUBJUNCTIVE craigne
IMPERFECT SUBJUNCTIVE craignisse
PAST PARTICIPLE craint

> Like craindre: plaindre, *to pity*
> atteindre, *to attain, to reach*
> joindre, *to join*
> (and all verbs ending in
> -aindre
> -eindre
> -oindre)

croire (*to believe*)

PRESENT PARTICIPLE croyant
PRESENT INDICATIVE crois, crois, croit, croyons, croyez, croient
IMPERFECT croyais
PAST DEFINITE crus
PRESENT SUBJUNCTIVE croie, croies, croie, croyions, croyiez, croient
IMPERFECT SUBJUNCTIVE crusse
PAST PARTICIPLE cru

croître (*to grow*)

All forms have either a circumflex accent or double s (croissant, je croîs, *etc.*). The past participle: crû m., crue f.

devoir *(to owe, to have to, to be to, etc.)*
(See SECTION 71)

dire *(to tell, to say)*

PRESENT PARTICIPLE   disant
PRESENT INDICATIVE   dis, dis, dit, disons, dites, disent
IMPERFECT   disais
PAST DEFINITE   dis, dis, dit, dîmes, dîtes, dirent
PRESENT SUBJUNCTIVE   dise
IMPERFECT SUBJUNCTIVE   disse
PAST PARTICIPLE   dit

Like dire: dédire, *to retract, to deny*
médire, *to slander*

dormir *(to sleep)*

PRESENT INDICATIVE   dors, dors, dort, dormons, dormez, dorment

Like dormir: endormir, *to put to sleep*
s'endormir, *to fall asleep*
mentir, *to lie*
partir, *to leave, to set out*
(se) sentir, *to feel*
pressentir, *to forebode*
servir, *to serve*
se servir (de), *to make use (of)*
sortir, *to go out*

écrire *(to write)*

PRESENT PARTICIPLE   écrivant
IMPERFECT   écrivais
PAST PARTICIPLE   écrit

Like écrire: décrire, *to describe*
souscrire, *to subscribe*

envoyer (*to send*)

FUTURE   enverrai

Like **envoyer**: **renvoyer**, *to send away, to dismiss*

faire (*to make, to do*)

PRESENT PARTICIPLE   faisant
PRESENT INDICATIVE   fais, fais, fait, faisons, faites, font
IMPERFECT   faisais
PAST DEFINITE   fis
FUTURE   ferai
PRESENT SUBJUNCTIVE   fasse
IMPERFECT SUBJUNCTIVE   fisse
PAST PARTICIPLE   fait

Like **faire**: **défaire**, *to undo*
refaire, *to do again*

falloir (*to be necessary, must, etc.*)

(See SECTIONS 54 and 55)

fuir (*to flee*)

Some forms of **fuir** have a y instead of an i in the stem
(**fuyant**, *etc.*).

Like **fuir**: **s'enfuir**, *to flee, to escape*

lire (*to read*)

PRESENT PARTICIPLE   lisant
PRESENT INDICATIVE   lis, lis, lit, lisons, lisez, lisent
IMPERFECT   lisais
PAST DEFINITE   lus
PAST PARTICIPLE   lu

Like **lire**: **élire**, *to elect*
réélire, *to re-elect*
relire, *to read again*

mettre (*to place, to put*)

PRESENT INDICATIVE   mets, mets, met, mettons, mettez, mettent

PAST DEFINITE   mis

PAST PARTICIPLE   mis

Like **mettre**: se mettre (à), *to begin*
démettre, *to dismiss*
émettre, *to emit*
remettre, *to put back, to postpone*
soumettre, *to submit*

mourir (*to die*)

PRESENT INDICATIVE   meurs, meurs, meurt, mourons, mourez, meurent

FUTURE   mourrai

PRESENT SUBJUNCTIVE   meure, meures, meure, mourions, mouriez, meurent

COMPOUND TENSES   with **être**: je suis mort(e), *etc.*

mouvoir (*to move*)

PRESENT INDICATIVE   meus, meus, meut, mouvons, mouvez, meuvent

PAST DEFINITE   mus

PRESENT SUBJUNCTIVE   meuve, meuves, meuve, mouvions, mouviez, meuvent

IMPERFECT SUBJUNCTIVE   musse

PAST PARTICIPLE   mû (f. mue)

Like **mouvoir**: émouvoir, *to affect, to move* (emotionally)

naître (*to be born*)

PRESENT PARTICIPLE   naissant

PRESENT INDICATIVE   nais, nais, naît, naissons, naissez, naissent

IMPERFECT naissais

PAST DEFINITE naquis

PRESENT SUBJUNCTIVE naisse

IMPERFECT SUBJUNCTIVE naquisse

COMPOUND TENSES with être: je suis né(e), *etc.*

Like naître: renaître, *to reappear, to be born again*

plaire (*to please*)

PRESENT PARTICIPLE plaisant

PRESENT INDICATIVE plais, plais, plaît, plaisons, plaisez, plaisent

IMPERFECT plaisais

PAST DEFINITE plus

PRESENT SUBJUNCTIVE plaise

IMPERFECT SUBJUNCTIVE plusse

PAST PARTICIPLE plu

Like plaire: taire, *to say nothing about, to hush up*

se taire, *to be silent, to hold one's tongue*

Note:

tait has no circumflex accent

pleuvoir (*to rain*)[1]

PRESENT INDICATIVE il pleut

IMPERFECT il pleuvait

PAST DEFINITE il plut

FUTURE il pleuvra

PRESENT SUBJUNCTIVE qu'il pleuve

IMPERFECT SUBJUNCTIVE qu'il plût

PAST PARTICIPLE plu (il a plu, *etc.*)

[1] Impersonal, used with il.

pouvoir (*to be able, can*)

PRESENT INDICATIVE   peux (or puis), peux, peut, pouvons, pouvez, peuvent

PAST DEFINITE   pus

FUTURE   pourrai

PRESENT SUBJUNCTIVE   puisse

IMPERFECT SUBJUNCTIVE   pusse

PAST PARTICIPLE   pu

prendre (*to take*)

PRESENT PARTICIPLE   prenant

PRESENT INDICATIVE   prends, prends, prend, prenons, prenez, prennent

IMPERFECT   prenais

PAST DEFINITE   pris

PRESENT SUBJUNCTIVE   prenne

IMPERFECT SUBJUNCTIVE   prisse

PAST PARTICIPLE   pris

> Like prendre: apprendre, *to learn*
> comprendre, *to understand*
> entreprendre, *to undertake*
> se méprendre, *to be mistaken*
> reprendre, *to take back, to resume*

recevoir (*to receive*)

PRESENT INDICATIVE   reçois, reçois, reçoit, recevons, recevez, reçoivent

PAST DEFINITE   reçus

PRESENT SUBJUNCTIVE   reçoive, reçoives, reçoive, recevions, receviez, reçoivent

IMPERFECT SUBJUNCTIVE   reçusse

PAST PARTICIPLE   reçu

> Like recevoir: apercevoir, *to perceive*

résoudre (*to resolve*)

Most forms of **résoudre** resemble the English *resolve*, but observe the singular forms of the present indicative:

résous, résous, résout

savoir (*to know, to know how*)

PRESENT PARTICIPLE **sachant**
PRESENT INDICATIVE **sais, sais, sait, savons, savez, savent**
IMPERATIVE **sache**
PAST DEFINITE **sus**
FUTURE **saurai**
PRESENT SUBJUNCTIVE **sache**
IMPERFECT SUBJUNCTIVE **susse**
PAST PARTICIPLE **su**

suivre (*to follow*)

Easily recognizable except the singular forms of the present indicative: **suis, suis, suit.**

tenir (*to hold*)

PRESENT INDICATIVE **tiens, tiens, tient, tenons, tenez, tiennent**
PAST DEFINITE **tins, tins, tint, tînmes, tîntes, tinrent**
FUTURE **tiendrai**
PRESENT SUBJUNCTIVE **tienne, tiennes, tienne, tenions, teniez, tiennent**
IMPERFECT SUBJUNCTIVE **tinsse**
PAST PARTICIPLE **tenu**

Like **tenir**: **s'abstenir,** *to abstain*
appartenir, *to belong*
contenir, *to contain*
détenir, *to detain*
entretenir, *to entertain*

maintenir, *to maintain*
obtenir, *to obtain*
retenir, *to retain*
soutenir, *to sustain*

vaincre (*to conquer, to win*)

Some forms of **vaincre** have a **qu** instead of **c** in the stem (**vainquant,** *etc.*).

valoir (*to be worth*)

PRESENT INDICATIVE **vaux, vaux, vaut, valons, valez, valent**
FUTURE **vaudrai**
PRESENT SUBJUNCTIVE **vaille, vailles, vaille, valions, valiez, vaillent**

Like **valoir:** équivaloir, *to be equivalent*

venir (*to come*)

Conjugated like **tenir; venir** and most of its compounds take **être** to form the compound tenses.

(See SECTION 46)

vivre (*to live*)

PRESENT INDICATIVE **vis, vis, vit, vivons, vivez, vivent**
PAST DEFINITE **vécus**
PAST PARTICIPLE **vécu**

Like **vivre:** revivre, *to live again*

voir (*to see*)

PRESENT PARTICIPLE **voyant**
PRESENT INDICATIVE **vois, vois, voit, voyons, voyez, voient**
IMPERFECT **voyais**
PAST DEFINITE **vis**
FUTURE **verrai**
PRESENT SUBJUNCTIVE **voie**

IMPERFECT SUBJUNCTIVE **visse**
PAST PARTICIPLE **vu**

Like **voir: entrevoir,** *to catch sight of*

vouloir *(to wish, to want, will)*

PRESENT INDICATIVE **veux, veux, veut, voulons, voulez, veulent**
FUTURE **voudrai**
PRESENT SUBJUNCTIVE **veuille, veuilles, veuille, voulions, vouliez, veuillent**

Vocabulary

This vocabulary omits words which have the same spelling and meaning in both languages. It includes biographical notes on the authors quoted.

Abbreviations

adj., *adjective*
adv., *adverb*
art., *article*
cond., *conditional*
def., *definite*
f., *feminine*
fut., *future*
imperf., *imperfect*
indic., *indicative*

m., *masculine*
n., *noun*
part., *participle*
pl., *plural*
prep., *preposition*
pres., *present*
pron., *pronoun*
sing., *singular*
subj., *subjunctive*

a (third sing. pres. indic. of **avoir**), *has;* il y —, *there is, there are, ago* (with expression of time)

à, prep., *to, at, in, with, of*

abaisser, *to lower, to humble*

abbé, m., *priest*

aborder, *to accost, to speak to, to broach*

abréger, *to shorten*

accaparer, *to monopolize*

accentuer, *to accentuate, to increase*

accoutumer, *to accustom*

acheter, *to buy*

achever, *to finish*

actuel, actuelle, adj., *current, of the present day, present*

actuellement, adv., *at present*

adepte, m., *practitioner*

adieu, m., *farewell, good-by*

adjoindre, irreg. verb, *to join, to associate*

admettre, irreg. verb (like **mettre**), *to admit*

adresse, f., *skill, cunning, address*

affaire, f., *affair, business*

affective, adj. f., *emotional*

afin que, conj., *in order that, so that*

affreux, adj., *terrible*

agir, *to act;* **s'— de,** *to be a question of, to concern*

agiter, *to bother, to disturb*

agricole, adj., *agricultural*

ai (first sing. pres. indic. of **avoir**), *have*

aie (imperative sing. of **avoir**), *have*

aie, aies, ait, aient (pres. subj. forms of **avoir**)

aille (pres. subj. of **aller**)

ailleurs, adv., *elsewhere;* **d'—,** *besides, moreover*

aimable, adj., *pleasant, agreeable*

aimer, *to like, to love*

ainsi, adv., *thus, so, in this (that) manner;* **— que,** *as;* **il en est —,** *it is so*

aisé, adj., *easy, well-off*

alchimie, f., *alchemy*

aliment, m., *food*

alimentaire, adj., *dietary;* **régime —,** *diet*

aller, irreg. verb, *to go, to be* (of health); **s'en —,** *to go away;* **— à la recherche de,** *to go and seek;* **il y va de . . . ,** *. . . is at stake;* **allez-y!** *go ahead! go to it!*

allumer, *to light*

alors, adv., *then, in that case;* **— que,** *whereas*

alpiniste, m., *alpinist* (mountaineer)

amant, m., *lover, sweetheart*

ami, amie, m., f., *friend;* **faux amis,** *false friends* (deceptive cognates)

amour, m., *love;* **—-propre,** *self-esteem*

amoureux, amoureuse, adj., *loving, of love*

an, m., *year;* **avoir . . . —s,** *to be . . . years old*

ancien, ancienne, adj., *former* (before noun); *ancient* (after noun)

anglais, n. m., adj., *English*

Angleterre, f., *England*

angoisse, f., *anguish*

année, f., *year*

annonce, f., *advertisement*

apercevoir, irreg. verb (like **recevoir**), *to perceive, to see;* **s'— de,** *to notice*

apologue, m., *apologue* (fable)

apparaître, irreg. verb (like **connaître**), *to appear*

apparition, f., *appearance*

appartenir, irreg. verb (like venir), *to belong*

appeler, *to call;* s'—, *to be called, to be named*

appliquer, *to apply*

apporter, *to bring*

apprendre, irreg. verb (like prendre), *to learn, to teach*

après, prep., *after*

arche, f., *ark;* — sainte, *holy ark* (forbidden ground)

argent, m., *money*

arrêt, m., *stop, stopping*

arrêter, *to stop, to arrest, to decide*

arrière, adv., *behind*

arriver, *to arrive, to come, to happen, to succeed*

as (second sing. pres. indic. of avoir), *have*

asseoir, irreg. verb, *to seat;* s'—, *to sit down*

assey- (see asseoir in Appendix C)

assez, adv., *enough, quite*

assied, assieds (see asseoir in Appendix C)

assiér- (see asseoir in Appendix C)

assis (past part. of asseoir), *seated, sitting*

assistant, m., *bystander, person present, witness*

assister: — à, *to be present at, to attend, to witness*

assoi- (see asseoir in Appendix C)

assoy- (see asseoir in Appendix C)

atteindre, irreg. verb (like craindre), *to attain, to reach*

atteint (past part. of atteindre), *stricken*

attendre, *to wait for;* s'— à, *to expect*

atténuer, *to attenuate, to lessen*

attirer, *to attract;* s'—, *to draw upon oneself*

au = à + le

aucun: ne . . . —, adj., pron., *no, not any, none, no one*

audace, f., *audacity, boldness*

aujourd'hui, adv., *today*

auparavant, adv., *before*

aurai (fut. of avoir)

aurais (cond. of avoir)

aussi, adv., *as, also; so* or *therefore* (at beginning of clause); tout — bien, *quite as much*

aussitôt, adv., *immediately;* — que, *as soon as*

autant, adv., *as much, as many*

autour (de), adv., prep., *around*

autre, adj., *other, different* (not translated in nous autres, vous autres)

autrefois, adv., *formerly*

autrement, adv., *otherwise*

aux = à + les

avant, prep., *before;* — que, *before;* en —, *ahead, forward*

avare, n. m., adj., *miser, miserly, avaricious*

avec, prep., *with*

avenir, m., *future*

avez (second pl. pres. indic. of avoir), *have*

avion, m., *airplane*
avocat, m., *lawyer*
avoir, irreg. verb, *to have;* —
.. **ans**, *to be* ... *years old;*
— **raison**, *to be right;* — **tort**,
to be wrong; — **faim**, *to be
hungry;*—**honte**, *to be ashamed;*
— **peur**, *to be afraid;* — **lieu**,
to take place; — **de la chance**,
to be lucky
avons (first pl. pres. indic. of
avoir), *have*
ayant (pres. part. of **avoir**), *having*
ayez, ayons (pl. imperative, pres.
subj. forms of **avoir**)

baccalauréat, m., *bachelor's degree* (a degree which, in France,
admits to university study)
barbe, f., *beard*
baronne, f., *baroness*
bâtir, *to build*
bats, bat (pres. indic. sing. of
battre)
battre, irreg. verb, *to beat;* **se** —,
to fight
Bayle, Pierre (1647–1706),
author of a skeptical *Diction-
naire historique*
beau, adj. m., *beautiful, handsome;*
faire —, *to be fine* (weather)
beaucoup, adv., *much, very
much, a lot, a great deal*
**Beaumarchais, Pierre Augus-
tin Caron de** (1732–1799),
dramatist, author of *Le Barbier
de Séville*

beaux (m. pl. of **beau**), *beautiful,
handsome*
bel, adj. m., *beautiful, handsome*
belle, adj. f., *beautiful, handsome*
bénéfice, m., *benefit*
Bergson, Henri (1859–1941),
philosopher
Bernardin de Saint-Pierre
(1737–1814), writer and naturalist
Berthelot, Marcelin (1827–
1907), distinguished chemist
and author
besoin, m., *need;* **avoir** — **de**, *to
need;* **au** —, *if need be*
bête, n. f., adj., *beast, animal,
fool, simpleton; stupid, foolish*
beurre, m., *butter*
bien, adv., *well, good, much, very,
indeed, to be sure;* — **de** and
def. art., *many, a great many;*
tout aussi —, *quite as much;*
— **que**, *although;* n. m., *wealth*
bienfait, m., *benefit*
bienveillante, adj., *kind*
Binet, Alfred (1857–1911),
psychologist
Binet, Léon (b. 1891), Dean of
the School of Medicine, University of Paris
blanche, adj. f., *white*
blesser, *to wound, to hurt*
Boileau, Nicolas (1636–
1711), literary critic
boire, irreg. verb, *to drink*
bois, boit, boivent (pres. indic.
forms of **boire**)
boive (pres. subj. of **boire**)

bon, adj. m., *good*

bonheur, m., *happiness, good fortune;* par —, *fortunately*

bonne (fem. of bon), *good*

botanique, f., *botany*

boucher, m., *butcher*

bouillir, irreg. verb, *to boil*

boulet, m., *cannon ball*

Bourget, Paul (1852–1935), critic and psychological novelist

bous, bout (pres. indic. sing. of bouillir)

bout, m., *end, tip*

bouteille, f., *bottle*

bras, m., *arm*

brave, adj., *good, worthy* (before noun); *brave* (after noun)

Bretagne, f., *Brittany*

Brieux, Eugène (1858–1932), dramatist (plays about social problems)

briller, *to shine*

bruit, m., *noise*

brusquement, adv., *quickly*

bu (past part. of boire), *drunk*

Buffon, Georges Louis Leclerc (1707–1788), naturalist

bureau (pl. bureaux), m., *office*

bus, but (past def. of boire), *drank*

but, m., *aim, goal, end*

buvais (imperf. indic. sing. of boire)

buvant (pres. part. of boire), *drinking*

buvons, buvez (pres. indic. and imperative of boire)

ça, pron. (abbreviation for cela), *that*

c.-à-d. (abbreviation for c'est-à-dire), *that is (to say)*

calcaire, adj., *calcium*

calcifiant, adj., *calcifying, calcium making*

campagne, f., *campaign; country(side)*

car, conj., *for, because*

carrière, f., *career*

causer, *to chat*

ce, adj., *this, that;* pron., *it, he, she, they;* c'est que, *it is because, the fact is, the reason is*

ceci, pron., *this*

cela, pron., *that*

celle, pron., *the one, she;* — -ci, *this one, the latter;* — -là, *that one, the former*

celles, pron., *the ones, they;* — -ci, *these, the latter;* — -là, *those, the former*

celui, pron., *the one, he;* — -ci, *this one, the latter;* — -là, *that one, the former*

cent, adj., *(a) hundred;* pour —, *per cent*

centaine, f., *about one hundred; hundreds* (in plural)

cependant, conj., *however, yet, nevertheless*

ce que (ce qu'), pron., *what, that which*

ce qui, pron., *what, that which*

ces, adj., *these, those*

c'est-à-dire, *that is (to say)*

cet, cette, adj., *this, that*

ceux, pron., *the ones, they;* — -**ci,** *these, the latter;* — -**là,** *those, the former*

chacun, pron., *each* (*one*)

chaise, f., *chair*

chaleur, f., *heat*

Chamfort, Nicolas-Sébastien (1741–1794), man of letters; persecuted during the French Revolution, he committed suicide

chance, f., *luck, good fortune, chance;* **avoir de la** —, *to be lucky*

changement, m., *change*

chanson, f., *song*

chaque, adj., *each*

chasse, f., *hunt, hunting;* **chien de** —, *hunting dog*

chasser, *to drive, to chase*

chat, m., *cat*

Chateaubriand, François-René-Auguste, Vicomte de (1768–1848), statesman and man of letters, father of the Romantic movement in France

chaud, m., *warmth;* **faire** —, *to be warm* (weather)

chemin, m., *road*

Chénier, André (1762–1794), poet, executed during the French Revolution

chercher, *to look for, to search for, to seek*

chéri, adj., *cherished, dear, darling*

cheval, m., *horse*

chevaux (pl. of **cheval**)

cheveux, m. pl., *hair*

chez, prep., *in* (*at, to*) *the home, office, shop of; with, among, in, in the works of*

chien, m., *dog;* — **de chasse,** *hunting dog*

chimie, f., *chemistry*

chinois, m., *Chinese*

choisir, *to choose*

choix, m., *choice*

chose, f., *thing*

-ci (short for **ici**), *here*

ciel (pl. **cieux**), m., *sky*

cinq, adj., *five*

circulation, f., *commerce, circulation*

citoyen, m., *citizen*

clair, adj., *clear*

clarté, f., *clarity*

clémence, f., *clemency*

clérical, adj., *clerical* (favoring the church)

cœur, m., *heart;* **de grand** —, *gladly;* **de tout** —, *with all one's heart*

colère, f., *anger*

Colomb, *Columbus*

combien (de), adv., *how much, how many*

commandant, m., *major* (military)

comme, adv., prep., *like, as, such as, how*

comment, adv., *how;* —? *what?*

commettre, irreg. verb (like **mettre**), *to commit*

complice, m., *accomplice*

compositeur, m., *composer*

comprendre, irreg. verb (like prendre), *to understand*

compromettre, irreg. verb (like mettre), *to compromise*

compte, m., *count, account;* tenir — de, *to take into account*

Comte, Auguste (1798–1857), philosopher of positivism

concurrent, m., *competitor*

conduire, irreg. verb, *to conduct, to lead*

conduite, f., *conduct*

conférence, f., *lecture*

confiance, f., *confidence, trust*

confier, *to entrust;* se —, *to confide*

connais, connaît (sing. pres. indic. of connaître)

connaiss- (see connaître in Appendix C)

connaissance, f., *acquaintance, knowledge*

connaisse (pres. subj. of connaître)

connaître, irreg. verb, *to know, to be acquainted with*

connu (past part. of connaître), *known*

conquérant, m., *conqueror*

conquête, f., *conquest*

conquis (past part. of conquérir), *conquered*

conseil, m., *council, counsel, advice*

conseiller, conseillère, m., f., *counsellor, advisor*

consentement, m., *consent*

conséquent, adj., *consequent;* par —, *consequently*

constamment, adv., *constantly*

constater, *to state, to record, to ascertain*

construire, irreg. verb, *to construct, to build*

content, adj., *happy, satisfied*

continu, adj., *continuous*

contre, prep., *against;* par —, *on the other hand;* le pour et le —, *the pros and cons*

convaincu, adj., *convinced*

convenir (de), irreg. verb (like venir), *to agree, to suit*

Corneille, Pierre (1606–1684), father of French tragedy

corps, m., *body;* esprit de —, *esprit de corps, devotion to one's group*

corriger, *to correct*

côté, m., *side;* du — de, *towards*

coucher, *to lay down;* se —, *to go to bed*

couleur, f., *color*

coup, m., *blow, stroke, thrust;* — de pied, *kick;* — de maître, *master stroke;* — d'état, (bloodless) *revolution;* — de vent, *gust of wind;* tout à —, *suddenly;* — de téléphone, *telephone call*

coupable, adj., *guilty*

courir, irreg. verb, *to run, to cross*

courbe, f., *curve*

courrai (fut. of courir)

courrais (cond. of courir)

cours, m., *course*

course, f., *race*

court, adj., *short, brief*

couru (past part. of **courir**), *run*

courus (past def. of **courir**)

coutume, f., *custom*

couvert (past part. of **couvrir**), *covered, overcast*

couvrir, irreg. verb (like **ouvrir**), *to cover;* se —, *to cover oneself, to become overcast*

craignais (imperf. indic. of **craindre**)

craignant (pres. part. of **craindre**), *fearing*

craigne (pres. subj. of **craindre**)

craignons, craignez, craignent (forms of the pres. indic. of **craindre**)

craindre, irreg. verb, *to fear*

crains, craint (pres. indic. sing. of **craindre**)

craint (past part. of **craindre**), *feared* (see **craint** in previous item)

crainte, f., *fear*

crâne, m., *cranium, head*

crayon, m., *pencil*

créer, *to create*

cri, m., *cry*

critique, m., *critic;* f., *criticism*

croire (à), irreg. verb, *to believe (in)*

croiser, *to cross*

croyais (imperf. indic. of **croire**)

croyant (pres. part of **croire**), *believing*

croyons, croyez (forms of the pres. indic. and imperative of **croire**)

cru (past part. of **croire**), *believed*

crus (past def. of **croire**)

curé, m., *curate, father* (church title)

Curel, François de (1854–1928), dramatist

d'abord, adv., *first, at first*

d'ailleurs, adv., *besides, moreover*

D'Alembert, Jean Le Rond (1717–1783), philosopher and mathematician, one of the founders and editors of the revolutionary eighteenth-century *Encyclopédie*

dame, f., *lady*

dans, prep., *in, within*

Daudet, Alphonse (1840–1897), novelist, short-story writer

davantage, adv., *more, further*

de, prep., *of, from, any, some*

déborder, *to overflow*

début, m., *beginning*

débuter, *to begin*

décevoir, irreg. verb (like **recevoir**), *to deceive, to disappoint*

découvert (past part. of **découvrir**), *discovered*

découverte, f., *discovery*

décrire, irreg. verb (like **écrire**), *to describe*

dedans: au —, adv., *within*

défaire, irreg. verb (like **faire**), *to unmake, to undo* défaut, m., *defect;* faire —, *to be lacking*

défendre, *to forbid, to defend*

déguiser, *to disguise*

dehors: au —, adv., *outside*

déjà, adv., *already*

délégué, m., *delegate*

délices, f. pl., *delights*

demander, *to ask;* se —, *to wonder*

demeurer, *to live, to remain*

demi, adj., *half*

démontrer, *to demonstrate*

dénigrement, m., *disparagement*

départ, m., *departure*

dépêcher, *to hurry*

dépens, m. pl., *expense*

dépense, f., *expenditure, expense*

dépenser, *to spend*

dépit, m., *spite*

déplaire, irreg. verb (like plaire), *to displease*

dépôt, m., *deposit*

depuis, prep., *since;* — que, *since;* — quand? *how long?;* — peu, *recently*

dernier, dernière, adj., *last*

derrière, adv., prep., *behind*

des = de + les

dès, prep., *from, since;* — que, *as soon as*

désespoir, m., *despair*

désintéressé, n. m., adj., *unselfish* (person)

désormais, adv., *henceforth, from then on*

dessin, m., *plan, design*

détourner, *to turn away*

détruire, irreg. verb, *to destroy*

détruit (past part. of détruire), *destroyed*

dette, f., *debt*

deux, adj., *two*

devant, prep., *in front of, before, in the face of*

devenir, irreg. verb (like venir), *to become*

devoir, irreg. verb (see SECTION 71), *to owe, to have to, to be expected to, to be supposed to*

devoir, m., *duty*

dévot, adj., *devout*

devrai (fut. of devoir)

devrais (cond. of devoir)

didactique, adj., *didactic* (teaching a lesson)

Diderot, Denis (1713–1784), writer and editor-in-chief of the revolutionary eighteenth-century *Encyclopédie*

difficile, adj., *difficult, hard to please*

digne, adj., *worthy*

dire, irreg. verb, *to say;* — que non, *to say no;* vouloir —, *to mean;* entrendre —, *to hear said*

dis, dit (sing. forms, pres. indic., past def. of dire)

disais (imperf. indic. of dire)

discours, m., *discourse, speech*

disgrâce, f., *misfortune, disfavor*

disparaître, irreg. verb (like connaître), *to disappear*

dispenser, *to dispense, to distribute*

disponible, adj., *available*

dit (past part. of dire), *said* (see dis above)

dites (second pl. pres. indic. and imperative of dire), *say*

dix, adj., *ten*

dix-huitième, adj., *eighteenth*

dix-neuvième, adj., *nineteenth*

dix-septième, adj., *seventeenth*

dizaine, f., *about ten*

dois, doit, doivent (irreg. pres. indic. forms of devoir); il doit y avoir, *there must be*

dommage, m., *pity;* c'est —, *it's a pity*

don, m., *gift*

donc, conj., *then, therefore*

donner, *to give;* — lieu, *to give rise;* où — de la tête, *which way to turn*

dont, pron., *whose, of whom, of which, in which, with which*

d'ordinaire, adv., *ordinarily*

dormir (like sentir), *to sleep*

douce, adj. (fem. of doux), *sweet, gentle, mild*

douleur, f., *grief*

douter (de), *to doubt;* se — de, *to suspect*

doux, adj., *sweet, gentle, mild*

douzaine, f., *dozen*

douze, adj., *twelve*

droit, m., *right, law;* faire son —, *to study law;* adj., *right*

du = de + le

dû (past part. of devoir)

Duhamel, Georges (b. 1884), novelist

dur, adj., *hard*

durée, f., *duration*

durer, *to last*

dus (past def. of devoir)

ébranlé, adj., *affected*

échange, m., *exchange*

éclair, m., *lightning*

éclaircir, *to clarify*

éclat, m., *brilliance*

éclater, *to burst out;* — de rire, *to burst into laughter*

école, f., *school*

écouter, *to listen* (*to*)

écrire, irreg. verb, *to write*

écrit (past part. of écrire), *written*

écrit, m., *writing;* par —, *in writing*

écriture, f., *writing, handwriting*

écrivain, m., *writer*

écrivais (imperf. of écrire)

écrivant (pres. part. of écrire), *writing*

écrivons, écrivez, écrivent (irreg. forms of pres. indic. of écrire)

effet, m., *effect;* en —, *in fact*

égal, adj., *equal*

égard, m., *regard;* à l'— de, *concerning, with regard to*

égarer, *to mislead*

égaux, adj. (pl. of égal), *equal*

église, f., *church*

eh bien! interjection, *well!*

Eldorado, *Eldorado* (imaginary land of great wealth in South America) élève, m., f., *pupil, student*

élever, *to raise, to heighten;* s'—, *to rise*

elle, pron., *she, her, it*

elles, pron., *they, them*

élu (past part. of élire), *elected*

empêcher, *to prevent*

emporter, *to win out;* s'—, *to get angry*

en, pron., *some, any, of it, of them, with it, some of it, some of them, from there;* prep., *in, like a*

enceinte, f., *enclosure*

enchaîner, *to link*

encore, adv., *still, yet, again*

endormir (like sentir): s'—, *to go to sleep, to fall asleep*

enfance, f., *childhood, infancy*

enfant, m., f., *child*

enfin, adv., *finally, in short*

enfuir, s'—, irreg. verb (like fuir), *to flee, to escape*

ennuyer, *to bore;* s'—, *to get bored*

enquête, f., *inquiry, investigation*

enseigner, *to teach*

ensemble, adv., *together;* n. m., *whole*

ensuite, adv., *next, afterwards*

entendre, *to hear, to understand* (figurative), *to mean;* — parler de, *to hear about;* — dire, *to hear said*

entre, prep., *between, among, in*

entrée, f., *entrance*

entreprendre, irreg. verb (like prendre), *to undertake*

entretenir, irreg. verb (like venir), *to entertain, to maintain* (keep up); s'—, *to converse*

enverrai (fut. of envoyer)

enverrais (cond. of envoyer)

envie, f., *envy, desire;* il prend — de, *one feels like*

environ, prep., *about*

envoyer, irreg. verb, *to send;* — chercher, *to send for*

épée, f., *sword*

épine, f., *thorn*

épouvantable, adj., *fearful*

épreuve, f., *test*

éprouver, *to feel, to experience*

Erckmann, Emile (1822–1899) and Chatrian, Alexandre (1826–1890), collaborators on historical novels

es (second sing. pres. indic. of être), *are*

esclave, m., f., *slave*

espace, m., *space*

espacer, *to space*

Espagne, f., *Spain*

espèce, f., *species, kind*

espoir, m., *hope*

esprit, m., *mind, wit, intelligence, spirit;* — de corps, *esprit de corps, devotion to one's group;* faire de l'—, *to be witty*

essai, m., *essay, trial, attempt;* à titre d'—, *by way of trial, tentatively, experimentally*

essayer, *to try*

est (third sing. pres. indic. of être), *is;* il en — ainsi, *it is so;* il en — de, *the same thing is true about;* —*-ce que?* (used to introduce a question); **il** —, *there is;* **c'** — **que,** *the reason is, the fact is, it is because*

et, conj., *and;* — ... —, *both ... and*

établir, *to establish*

établissement, m., *establishment*

étais (imperf. indic. of **être**)

étant (pres. part. of **être**), *being*

état, m., *state;* **coup d'** —, *revolution* (bloodless)

état-major, m., *general staff* (military)

États-Unis, m. pl., *United States*

été (past part. of **être**), *been*

été, m., *summer*

éteindre, irreg. verb, *to extinguish*

étendre, *to extend, to spread*

étendue, f., *extent, space*

êtes (second pl. pres. indic. of **être**), *are*

étoile, f., *star*

étonner, *to astonish*

étranger: à l'—, *abroad*

être, irreg. verb, *to be*

être, m., *being*

étroit, adj., *narrow*

étude, f., *study*

étudiant, m., *student*

étudier, *to study*

eu (past part. of **avoir**), *had*

eus (past def. of **avoir**)

eux, pron., *they, them*

événement, m., *event*

évidemment, adv., *evidently, clearly*

éviter, *to avoid*

évoluer, *to evolve*

évoquer, *to evoke*

exemple, m., *example;* **par** —, *for example;* interjection, *the idea! of course! you don't say! nonsense! etc.*

exigence, f., *requirement*

exiger, *to require, to demand*

expérience, f., *experiment, experience*

expliquer, *to explain*

exprimer, *to express*

fabriquer, *to make, to manufacture*

fabuliste, m., *fabulist* (writer of fables)

face: en — **de,** *facing, opposite*

facile, adj., *easy*

façon, f., *fashion, manner, way;* **de** — **à,** *so as to*

faible, adj., *weak, feeble*

faiblesse, f., *weakness, feebleness*

faille (pres. subj. of **falloir**)

faim, f., *hunger*

faire, irreg. verb, *to make, to do, to cause;* — **son** (leur) **possible,** *to do his* (their) *best;* — **beau,** *to be fine* (weather); — **du soleil,** *to be sunny;* — **de l'esprit,** *to be witty;* **laisser** —, *to leave alone;* — **défaut,** *to be lacking;* — **des vers,** *to write poetry*

fais, fait (sing. pres. indic. of **faire**)

faisais (imperf. indic. of **faire**)

faisceau, m., *bundle*

faisons (first pl. pres. indic. of faire), *do, make*

fait (past part. of faire), *done, made* (see fais above)

fait, m., *fact;* tout à —, *entirely, quite, completely*

faites (second pl. pres. indic. and imperative of faire), *do, make*

falloir, irreg. verb, *to be necessary;* s'en —, *to lack*

fallu (past part. of falloir), *been necessary*

fantaisie, f., *fancy, whim*

fasse (pres. subj. of faire)

fat, adj., *silly*

faudra (fut. of falloir)

faudrait (cond. of falloir)

faut (pres. indic. of falloir), *is necessary;* il ne — pas, *one must not*

faute, f., *fault, mistake*

faux, adj., *false;* — amis, *false friends* (deceptive cognates)

feint (past part. of feindre), *feigned*

femme, f., *woman, wife*

Fénelon, François de Salignac de La Mothe (1651–1715), archbishop and writer

fenêtre, f., *window*

fer, m., *iron;* chemin de —, *train, railroad*

ferai (fut. of faire)

ferais (cond. of faire)

feuille, f., *leaf*

fièvre, f., *fever*

Figaro (character from Beaumarchais' *Le Barbier de Séville*)

figure, f., *face, figure* (appearance)

figurer: se —, *to imagine*

fille, f., *girl, daughter;* jeune —, *girl;* belle-—, *daughter-in-law*

fils, m., *son, sons*

fin, f., *end*

fin, adj., *clever, fine*

finir, *to finish*

fis (past def. of faire)

fixement, adv., *fixedly, steadily*

flambeau, m., *torch*

flamber, *to burn*

Flammarion, Camille (1842–1925), astronomer and popularizer of science

Flaubert, Gustave (1821–1880), novelist, author of *Madame Bovary*

fleur, f., *flower*

fleuve, m., *river*

flottant, adj., *floating, uncertain*

foi, f., *faith;* par ma —, *upon my word*

fois, f., *time, occasion;* à la —, *at the same time*

folie, f., *foolishness*

fond, m., *background*

fondateur, m., *founder*

fonder, *to found, to establish*

font (third pl. pres. indic. of faire), *do, make*

Fontenelle, Bernard le Bovier de (1657–1757), author and popularizer of science

fort, adj., *strong;* adv., *very*

fournir, *to furnish*

fraîche, adj., *fresh, blooming*

frais, adj., *fresh, cool;* **faire —,**
to be cool (weather)
franche, adj., *frank*
français, n. m., adj., *French*
France, Anatole (1844–1924),
novelist
froid, m., *cold;* **faire —,** *to be*
cold (weather)
fuir, irreg. verb, *to flee, to run*
away
fumer, *to smoke*
fureur, f., *fury*
fus (past def. of être)

gagner, *to win, to gain, to earn*
garçon, m., *boy*
garder, *to keep, to guard;* **se —**
bien de, *to be very careful not to*
gaulois, adj., *Gallic*
genou (pl. **genoux**), m., *knee*
genre, m., *genre, form;* **— hu-**
main, *mankind*
gens, m. pl., *people*
gentil, gentille, adj., *kind, nice*
gilet, m., *vest*
glacer, *to freeze*
Goncourt, Edmond (1822–
1896) **and Jules** (1830–
1870), realistic novelists
gourmand, m., *glutton*
gourmet, m., *connoisseur of food*
goût, m., *taste*
grâce à, prep., *thanks to*
grade, m., *rank*
grand, adj., *large, great, big, tall*
grandir, *to grow, to increase*
gras, grasse, adj., *fat, plump,*
fatty

grec, n. m., adj., *Greek*
Grèce, f., *Greece*
Gresset, Louis (1709–1777),
poet
Grimm,   Frédéric-Melchior
(1723–1807), literary critic
gros, grosse, adj., *big, large,*
fat
groupement, m., *grouping*
guère: ne . . . —, adv., *hardly,*
scarcely; **ne . . . — que,** *hardly*
any, but
guérir, *to cure, to heal*

(*Aspirate* **h** *is marked with an*
asterisk)
habitant, m., *inhabitant*
habiter, *to live* (*in*)
habitude, f., *habit*
*****haïr,** irreg. verb, *to hate*
halluciné, m., *deluded person*
*****hardi,** adj., *bold*
*****hasard,** m., *chance*
*****hâte,** f., *haste*
*****haut,** adj., *high;* **à haute voix,**
aloud
Henri, Victor (1872–1940),
physical chemist
Hervieu, Paul (1857–1915),
dramatist and novelist of the
Naturalist school
heure, f., *hour, o'clock;* **de bonne**
—, *early*
heureux, heureuse, adj., *happy,*
fortunate
hier, adv., *yesterday*
Hollandais, m., *Dutchman*
homme, m., *man*

*honte, f., *shame;* avoir —, *to be ashamed*

*honteux, honteuse, adj., *shameful, ashamed*

Hugo, Victor (1802–1885), poet, novelist, dramatist

huile, f., *oil*

humain, adj., *human, humane;* genre —, *mankind*

humeur, f., *disposition, humor* (archaic medical sense), *temper, humor*

ibérique, adj., *Iberian, Spanish*

ici, adv., *here;* —-bas, *here below*

ignorer, *to be unaware of, to be ignorant of, not to know*

il, pron., *he, it, there*

il y a, *there is, there are, ago* (with expression of time)

imaginante, adj., *creative*

immuable, adj., *unchangeable*

importer, *to be important;* qu'importe? *what difference does it make?;* n'importe lequel, *any, any whatever*

impuissant, adj., *powerless, impotent*

inaperçu, adj., *unnoticed*

incliner, *to bow*

inconnu, n. m., adj., *unknown* (person)

indiquer, *to indicate*

infaillible, adj., *infallible*

infini, n. m., adj., *infinite*

ingrat, n. m., adj., *ingrate, ungrateful* (*one*)

injure, f., *insult*

injurier, *to insult*

inquiétude, f., *worry, anxiety*

inscrire, irreg. verb (like écrire), *to inscribe*

insensible, adj., *imperceptible*

instruire, irreg. verb, *to instruct, to educate*

intempérant, adj., *intemperate*

intéresser, *to interest;* s'— à, *to be interested in*

intérêt, m., *interest, self-interest*

interroger, *to question*

intervenir, irreg. verb (like venir), *to intervene*

introduire, irreg. verb, *to introduce*

inutile, adj., *useless*

invoquer, *to invoke*

irai (fut. of aller)

irais (cond. of aller)

jaloux, adj., *jealous*

jamais: ne . . . —, adv., *never, not ever;* à —, *forever*

Janet, Pierre (1859–1947), medical psychologist

janvier, m., *January*

jardin, m., *garden*

jaune, adj., *yellow;* livre —, *Yellow Book* (name of a French Foreign Office publication)

jeter, *to throw;* se —, *to empty*

jeune, adj., *young;* — fille, *girl*

Joconde, La, masterpiece of Leonardo da Vinci, also known as *Mona Lisa*

joie, f., *joy*

joindre, irreg. verb (like **crain-dre**), *to join*

jointure, f., *joint*

joli, adj., *pretty*

Joubert, Joseph (1754–1824), moralist

jouer, *to play*

jouir, *to enjoy*

jour, m., *day*

journal (pl. **journaux**), m., *newspaper*

journée, f., *day*

juger, *to judge*

juillet, m., *July*

jurer, *to swear, to attest*

juridique, adj., *judicial*

jus, m., *juice*

jusqu'à, prep., *up to, even;* — **ce que,** *until*

justement, adv., *exactly, precisely, as it happened*

l', def. art., *the;* pron., *him, her, it*

la, def. art., *the;* pron., *her, it*

là, adv., *there;* par —, *because of that, by that*

Labiche, Eugène (1815–1888) and Martin, Édouard (1824–1866), dramatists

La Bruyère, Jean de (1645–1696), moralist, author of *Les Caractères*

La Fontaine, Jean de (1621–1695), writer of fables

laisser, *to leave, to let;* ne laisse pas, *doesn't fail;* — faire, *to leave alone*

Lamartine, Alphonse de (1790–1869), poet and statesman

langue, f., *language, tongue*

languissant, adj., *languishing*

lapin, m., *rabbit*

Laplace, Pierre-Simon, marquis de (1749–1827), mathematician and astronomer

laquelle, pron., *who, whom, which, that, which one*

largement, adv., *generously*

La Rochefoucauld, François, duc de (1613–1680), writer of the *Maximes*

laudative, adj., *laudatory*

Lavoisier, Antoine-Laurent (1743–1794), chemist, one of the creators of modern chemistry

le, def. art., *the;* pron., *him, it*

leçon, f., *lesson*

lecteur, m., *reader*

lecture, f., *reading*

légèreté, f., *lightness, superficiality*

légume, m., *vegetable*

lequel, pron., *who, whom, which, that, which one*

les, def. art., *the;* pron., *them*

lèse-humanité, f., *crime against humanity*

lèse-justice, f., *crime against justice*

lesquel(le)s, pron., *who, whom, which, that, which ones*

leur, pron., *to them;* def. art. + —, *theirs*

leur, leurs, adj., *their*

lever, *to raise;* se —, *to rise, to
  get up*
lieu (pl. lieux), m., *place;*
  donner —, *to give rise;* avoir
  —, *to take place*
lire, irreg. verb, *to read*
lis, lit (sing. pres. indic. of lire)
lisais (imperf. indic. of lire)
lise (pres. subj. of lire)
livre, m., *book;* — jaune, *Yellow
  Book* (name of a French
  Foreign Office publication)
locomotrice, adj., *locomotor*
loi, f., *law*
loin, adv., *far;* n. m., *distance*
lointain, adj., *distant, far away*
Londres, *London*
longtemps, adv., (*a*) *long time,
  long*
lorsque, conj., *when*
Louis XIV (1638–1715),
  called Le Roi Soleil
Louis XV (1710–1774), great-
  grandson of Louis XIV
Louis XVIII (1755–1824).
  After the fall of Napoleon in
  1815, he continued the line of
  monarchs.
loyaux, adj., *loyal*
lu (past part. of lire), *read*
lui, pron., *he, him, to him, to her;*
  —-même, *himself, itself*
lundi, m., *Monday*
l'un l'autre, pron., *both, each
  (other)*
lutte, f., *struggle*
lutter, *to struggle*
luxe, m., *luxury*

M., abbreviation for monsieur
madame, f., *Mrs.*
mademoiselle, f., *Miss*
madrigal, m., *madrigal* (a short
  lyric poem)
main, f., *hand*
maintenant, adv., *now*
maintenir, irreg. verb (like
  venir), *to maintain*
maire, m., *mayor*
mais, conj., *but*
maison, f., *house*
Maistre, Joseph de (1753–
  1821), religious philosopher
maître, m., *master, teacher;* coup
  de —, *master stroke*
maîtresse, f., *mistress, sweetheart*
maîtriser, *to master*
mal, m., *misfortune, evil;* — à la
  tête, *headache;* adv., *badly*
malade, adj., *sick;* n. m., *patient*
maladie, f., *sickness*
malheur, m., *misfortune;* par —,
  unfortunately
malheureuse, adj., *unfortunate*
manger, *to eat*
manière, f., *manner*
marche, f., *progress; running,
  functioning* (of mechanisms);
  se (re)mettre en —, *to start
  (again)*
marcher, *to walk; to run, to go,
  to function* (of mechanisms)
maréchal, m., *marshal*
mari, m., *husband*
marier, *to marry off, to give
  in marriage;* se —, *to get mar-
  ried*

Marivaux, Pierre de (1688–1763), dramatist and novelist

marque, f., *mark, sign*

matière, f., *matter, subject matter*

Maupassant, Guy de (1850–1893), short-story writer and novelist

mauvais, adj., *bad;* **faire —,** *to be bad* (weather)

maux (pl. of **mal**)

me, pron., *me, to me*

méchant, adj., *wicked*

mécontent, adj., *dissatisfied*

médecin, m., *doctor*

médecine, f., *medicine*

meilleur, adj., *better, best*

mélanger, *to mix*

mêler, *to mix, to mingle;* **se — de,** *to dabble in, to meddle with*

même, adj., *same, self, very, even;* **lui—,** *himself, itself;* **quand —,** *anyhow, even if;* **par là —,** *for that very reason*

mener, *to lead, to conduct*

mentir (like **sentir**), *to lie*

menu, adj., *minute, small, minor*

méprendre, irreg. verb (like **prendre**): **se —,** *to be mistaken*

mer, f., *sea*

merci, interjection, *thanks, thank you*

mère, f., *mother;* **belle—,** *mother-in-law*

méridional, adj., *southern*

mes, adj., *my*

métaux (pl. of **métal**)

mets, met (sing. pres. indic. of **mettre**)

mettre, irreg. verb, *to put, to put on;* **se — à,** *to begin;* **se — en route,** *to set out, to start;* **se — en marche,** *to start;* **— à la porte,** *to put (throw) out*

meure (pres. subj. of **mourir**)

meurs, meurt, meurent (irreg. forms, pres. indic. of **mourir**)

Michel-Ange (Michelangelo) (1475–1564), Italian painter, poet, architect, sculptor

Michelet, Jules (1798–1874), historian

mien(ne): le (la) —, pron., *mine*

mieux, adv., *better, best;* **valoir —,** *to be better*

milieu, m., *middle ground, milieu* (environment)

minéraux (pl. of **minéral**)

minutieux, adj., *minute*

Mirabeau, Honoré Gabriel (1749–1791), orator of the French Revolution

miroir, m., *mirror*

mis (past def. of **mettre**)

mis (past part. of **mettre**), *put* (see **mis** in previous line)

Mlle, abbreviation for **mademoiselle**

Mme, abbreviation for **madame**

mode, f., *mode, style;* **à la —,** *in style*

moi, pron., *me, to me*

moindre, adj., *least (lesser)*

moins, adv., *less, least;* **au (du) —,** *at least;* **à — que,** *unless*

mois, m., *month*

Molière, Jean-Baptiste Poquelin (1622–1673), most famous French author of comedies; actor, theatrical director

mon, adj., *my*

Mona Lisa (see **Joconde**)

monde, m., *world;* tout le —, *everyone*

monnaie, f., *money*

monseigneur, m., *my lord*

monsieur, m., *Mr., sir,* gentleman

montagne, f., *mountain*

monter, *to mount, to climb*

Montesquieu, Charles de Secondat, baron de (1689–1755), political theorist whose views greatly influenced the French Revolution

montrer, *to show*

moquer: se — de, *to make fun of*

mort (past part. of **mourir**), *died*

mot, m., *word*

mourir, irreg. verb, *to die;* se —, *to be dying*

mourrai (fut. of **mourir**)

mourrais (cond. of **mourir**)

mourus (past def. of **mourir**)

mouvoir: se —, irreg. verb, *to move*

moyen, m., *means*

Musset, Alfred de (1810–1857), poet, dramatist

nais, naît (pres. indic. sing. of **naître**)

naissais (imperf. of **naître**)

naissance, f., *birth*

naisse (pres. subj. of **naître**)

naissons, naissez, naissent (pres. indic. pl. of **naître**)

naître, irreg. verb, *to be born, to result*

naquis (past def. of **naître**)

nationaux, adj. (pl. of **national**)

né (past part. of **naître**), *been born*

négliger, *to neglect*

nerf, f., *nerve*

n'est-ce pas? (used to ask a question after a statement), *won't you? doesn't he? didn't I? wouldn't she? etc.*

neuf, adj., *new, nine*

nez, m., *nose*

ni ... ni ... : ne ... — ... —, adv., *neither ... nor*

n'importe quel, *any, any whatever*

noblesse, f., *nobility*

Noël, n. m., *Christmas*

noir, adj., *black*

nom, m., *name*

nombreux, nombreuse, adj., *numerous*

nommer, *to name*

non, adv., *no, not;* — plus, *either, neither*

nord, m., *north*

nos, adj., *our*

nôtre: (le, la) —, pron., *ours*

notre, adj., *our*

nourriture, f., *food*

nous, pron., *we, us, to us*

nouveau, adj., *new*

nouveauté, f., *novelty*

nouvelle, adj., *new*

nuance, f., *shade*

nul: ne ... —, pron., adj., *no one, nobody*

nullement: ne ... —, adv., *not at all*

obéir, *to obey*

occidental, adj., *Western*

œil, m., *eye*

offert, adj., *offered*

omettre, irreg. verb (like mettre), *to omit*

on, pron., *one, we, you, they, people*

ont (third pl. pres. indic. of avoir), *have*

opérer, *to operate;* s'—, *to occur*

ordonner, *to order*

orientaux, adj. (pl. of oriental)

oser, *to dare*

ôter, *to take away, to remove*

ou, conj., *or*

où, adv., *where, in which, to which, at which, on which, when*

oublier, *to forget*

ouest, m., *west*

oui, adv., *yes*

ouvert (past part. of ouvrir), *opened*

ouvrir, irreg. verb, *to open*

Pailleron, Edouard (1834–1899), dramatic author

palais, m., *palace;* — de l'Élysée (residence of the president of France)

Palladio, Andrea (1518–1580), Italian architect

par, prep., *by, through;* — conséquent, *consequently;* — là (cela) même, *for that very reason;* — contre, *on the other hand;* — ma foi, *upon my word*

parabole, f., *parable*

paraître, irreg. verb (like connaître), *to appear, to seem*

parce que, conj., *because*

parcourir, irreg. verb (like courir), *to travel through*

parent, m., *relative, parent*

parfum, m., *perfume*

parler, *to speak, to talk;* entendre — de, *to hear about*

parmi, prep., *among, between*

parole, f., *speech, word*

partager, *to share*

particule, f., *particle*

particulier, particulière, n. m., f., *individual;* adj., *peculiar, special*

partie, f., *part*

partir (like sentir), *to leave;* à — de, *after, from ... on*

partout, adv., *everywhere*

pas: ne ... —, adv., *not*

Pascal, Blaise (1623–1662), philosopher, mathematician, and physicist

pas du tout: ne ... —, adv., *not at all*

passager, passagère, adj., *passing*

passé, m., *past*

passer, *to pass, to spend;* se —, *to go on, to happen*

passe-temps, m., *pastime*

Pasteur, Louis (1822–1895), biochemist, known for his work on fermentation, rabies, contagious diseases, etc.

patrie, f., *country, native land*

patte, f., *foot, leg;* à quatre —s, *on all fours*

pauvre, adj., *poor*

payer, *to pay (for)*

pays, m., *country, countries*

peindre, irreg. verb (like crain-dre), *to paint*

peine, f., *pain, penalty, sorrow, trouble;* être en —, *to have difficulty;* valoir la — de, *to be worth while to;* à —, *scarcely*

peintre, m., *painter*

peinture, f., *painting*

pendant, prep., *during*

pensée, f., *thought*

penser, *to think;* — à, *to think of*

perdre, *to lose*

père, m., *father*

périphérique, adj., *peripheral, surface*

périr, *to perish*

permettre, irreg. verb (like mettre), *to permit*

personne, f., *person;* ne . . . —, *no one, nobody*

petit, adj., *small, little;* un — peu, *a little bit*

petitesse, f., *smallness*

peu (de), adv., *few, little;* un petit —, *a little bit*

peuple, m. (*common*) *people, populace*

peur, f., *fear;* avoir —, *to be afraid;* de — de, *for fear of*

peut-être, adv., *perhaps*

peut (third sing. pres. indic. of pouvoir) *can, is able;* il se —, *it is possible;* on ne — pas y tenir, *one can't stand it*

peuvent (third pl. pres. indic. of pouvoir), *can, are able*

peux (first, second sing. pres. indic. of pouvoir)

photographie, f., *photograph*

phrase, f., *sentence*

physiologue, m., *physiologist*

physicien, m., *physicist*

physique, f., *physics*

pièce, f., *room, play, piece, piece of evidence*

pied, m., *foot;* à —, *on foot;* coup de —, *kick*

pire, adj., *worse, worst*

Piron, Alexis (1689–1773), poet and satirist

pivoine, f., *peony*

place, f., *public square, seat, place*

plaindre, irreg. verb (like crain-dre), *to pity;* se —, *to complain*

plaine, f., *plain*

plaire, irreg. verb, *to please*

plais, plaît (sing. pres. indic. of plaire); s'il vous plaît, (*if you*) *please*

plaisais (imperf. indic. of plaire)

plaisant, adj., *funny, queer, pleasant*

plaisanter, *to joke*

plaise (pres. subj. of plaire)

plein, adj., *full;* en — air, *in the open air;* en pleine saison, *at the height of the season*

pleurer, *to weep, to cry*

pleut (pres. indic. of **pleuvoir**), *rains*

pleuvoir, irreg. verb, *to rain*

pleuvra (fut. of **pleuvoir**), *will rain*

pleuvrait (cond. of **pleuvoir**), *would rain*

plu (past part. of **plaire** and **pleuvoir**)

plupart, f., *majority, most*

plus, adv., *more;* ne ... —, *no more, no longer;* non —, *either, neither;* ne ... — que, *only;* de —, *additional, more*

plus (past def. of **plaire**)

plusieurs, adj., *several*

plut (past def. of **pleuvoir**), *rained*

plutôt, adv., *rather*

poésie, f., *poetry*

point: ne ... —, adv., *not at all*

poli, adj., *polite*

politique, f., *policy, politics*

Pompadour, Madame de (1721–1764), mistress of Louis XV

porte, f., *door, gate;* mettre à la —, *to put (throw) out*

porter, *to carry, to wear, to put, to bring*

portugais, n. m., adj., *Portuguese*

poser, *to put, to establish;* — une question, *to ask a question*

possible, adj.: faire leur (son) —, *to do their (his) best*

pour, prep., *for, in order to, to;* — que, *so that, in order that;* — ... que, *however;* — cent, *per cent;* le — et le contre, *the pros and cons*

pourquoi, interr. adv., conj., *why*

pourrai (fut. of **pouvoir**)

pourrais (cond. of **pouvoir**)

pourtant, adv., *nevertheless, however, yet*

pourvu que, conj., *provided that*

pousser, *to push, to utter*

pouvoir, irreg. verb, *to be able;* n. m., *power*

pratique, adj., *practical*

précepteur, m., *tutor*

premier, première, adj., *first* (abbreviated 1ᵉʳ, 1ᵉʳᵉ)

prenais (imperf. indic. of **prendre**)

prendre, irreg. verb, *to take;* s'y —, *to go about* (doing something): il prend envie de, *one feels like*

prenne (pres. subj. of **prendre**)

prennent (third pl. pres. indic. and subj. of **prendre**)

prenons, prenez (first, second pl. pres. indic., imperative of **prendre**)

près (de), adv., prep., *near, nearly;* de —, *closely;* à peu —, *nearly, about, approximately*

presque, adv., *almost, hardly*

presser, *to hasten*

pression, f., *pressure*

prêt, adj., *ready*
prétendre, *to claim*
prêter, *to lend, to attribute*
preuve, f., *proof*
prévenir, irreg. verb (like ve-nir), *to prevent*
prévoir, irreg. verb (like voir), *to foresee*
prier, *to beg*
principaux, n. m., adj. (pl. of principal)
principe, m., *principle, beginning*
pris (past def. of prendre)
pris (past part. of prendre), *taken*
priver, *to deprive*
prix, m., *price, value*
prodige, m., *marvel*
produire, irreg. verb, *to produce*
produit (past part. of pro-duire), *produced*
profond, adj., *deep, profound, distant*
promenade, f., *walk, ride;* faire une —, *to take a walk (ride)*
promettre, irreg. verb (like mettre), *to promise*
propos: à —, *concerning*
propre, adj., *own* (before noun); ne pas être — à rien, *to be good for nothing*
propriété, f., *property*
protéger, *to protect*
prouver, *to prove*
provenir, irreg. verb (like ve-nir), *to come, to arise*
provisoire, adj., *provisional*
pu (past part. of pouvoir), *been able*

publier, *to publish*
puis, adv., *then, next*
puis (first sing. pres. indic. of pouvoir) *can, am able*
puissamment, adv., *powerfully*
puissant, adj., *powerful*
puisse (pres. subj. of pouvoir)
pus (past def. of pouvoir)

quand, conj., *when;* — même, *anyhow, even if;* depuis —? *how long?*
quant à, prep., *as to, as for*
quart, m., *quarter*
quatre, adj., *four*
quatrième, adj., *fourth*
que, pron., conj., *whom, which, that, than, except, how, why, namely;* — de, *how many, what a lot of*
que: ne ... —, adv., *only, nothing but*
quel, quelle, adj., *which, what, what a;* — ... que, *whatever*
quelconque, adj., *whatever*
quelque, adj., *some, any, a few;* — ... que, *however, whatever*
quelquefois, adv., *sometimes*
quelqu'un(e), pron., *someone*
quereller: se —, *to quarrel*
qu'est-ce que? pron., *what?;* — c'est? *what is it?;* — c'est que ceci (cela)? *what is this (that)?*
qu'est-ce qui? pron., *what?*
qui, pron., *who, whom, which, that, he who, those who;* à —, de —, *whose?;* — que, *whoever*
qui est-ce que? pron., *whom?*

qui est-ce qui? pron., *who?*

quitter, *to leave*

quoi, pron., *what, which;* à —
sert? *what is ... good for?;*
— que, *whatever*

quoique, conj., *although*

rachitisme, m., *rickets*

Racine, Jean (1639–1699),
greatest writer of French tragedy

raconter, *to tell, to relate*

railler, *to mock, to deride*

raison, f., *reason, argument;*
avoir —, *to be right*

raisonneur, m., *reasoner, ration-
alist*

rang, m., *rank*

rappeler, *to recall*

rapport, m., *relationship, report;*
sous le — de, *in the matter of*

rasseoir, irreg. verb (like asseoir), *to seat again;* se —, *to
sit down again*

rayon, m., *ray*

réagir, *to react*

recevoir, irreg. verb, *to receive,
to pass* (an examination)

recherche, f., *research, seeking,
search;* aller à la — de, *to go
and seek* (*look for*)

récit, m., *tale, account*

reçois, reçoit, reçoivent (irreg.
pres. indic. forms of recevoir)

reconnaître, irreg. verb (like
connaître), *to recognize*

recours, m., *recourse*

recouvrer, *to recover*

recouvrir, irreg. verb (like
ouvrir), *to re-cover* (cover
again)

récrire, irreg. verb (like écrire),
to rewrite

reçu (past part. of recevoir),
received

reculer, *to draw back*

reçus (past def. of recevoir)

réfléchir, *to reflect;* — à, *to reflect
on, to think carefully about*

regarder, *to look* (*at*)*, to concern, to consider*

régime, m., *diet;* — alimentaire,
diet

règne, m., *reign, kingdom, sphere*

régner, *to reign*

Reims, *Rheims*

relever, *to raise*

relier, *to bind*

relire, irreg. verb (like lire), *to
reread*

relu (past part. of relire), *reread*

remarquer, *to notice, to observe,
to remark*

remettre, irreg. verb (like mettre), *to postpone, to hand over,
to put back;* se — en marche,
to start again

remplacer, *to replace*

remplir, *to fill, to fulfil*

renaître, irreg. verb (like
naître), *to reappear, to be born
again*

Renan, Ernest (1823–1892),
historian and scholar

rendez-vous, m., *meeting, ren-
dezvous, date*

rendre, *to render, to give back, to make, to do;* se —, *to surrender, to make oneself*

renouveler, *to renew*

renseigner, *to inform*

rentrer, *to return home, to form part of*

renvoyer, irreg. verb (like envoyer), *to send away, to dismiss*

répartir, *to divide*

répartition, f., *distribution*

répondre, *to answer, to respond, to correspond*

reprendre, irreg. verb (like prendre), *to resume, to take back*

représentation, f., *performance*

rester, *to remain, to keep, to stay*

rétablir, *to re-establish*

retenir, irreg. verb (like venir), *to retain, to remember*

réunion, f., *meeting, reunion*

réunir, *to gather, to unite;* se —, *to gather together*

réussir (à), *to succeed (in)*

revanche, f., *revenge;* en —, *on the other hand*

revenir, irreg. verb (like venir), *to return, to come back*

Rhin, m., *Rhine*

ri (past part. of rire), *laughed*

Ribot, Théodule-Armand (1839–1916), author of studies in experimental psychology

ridiculiser, *to ridicule*

rien: ne . . . —, pron., *nothing, not anything;* cela ne fait —, *that makes no difference;* ne pas

être propre à —, *to be good for nothing*

rimer, *to rhyme, to write verse*

rire, irreg. verb, *to laugh;* se — de, *to laugh at;* éclater de —, *to burst into laughter;* n. m., *laughter, laugh*

ris, rit (pres. indic. and past def. forms of rire)

rivaliser, *to rival, to compete*

Rivarol, Antoine de (1753–1801), journalist and man of letters

robe, f., *dress*

rocher, m., *rock*

roi, m., *king*

Roland, Madame (1754–1793), author of the famous line quoted in this text, spoken as she mounted the scaffold for execution

romain, n. m., adj., *Roman*

roman, m., *novel*

roman, adj., *Romance*

romancier, m., *novelist*

rompre, *to break*

rouge, adj., *red*

rougir, *to blush*

Rousseau, Jean-Jacques (1712–1778), revolutionary writer, philospher, and social reformer

route, f., *road;* se mettre en —, *to set out, to start (off)*

rouvrir, irreg. verb (like ouvrir), *to open again*

royaume, m., *kingdom*

rude, adj., *rough, harsh*

sa, adj., *his, her, its*

sachant (pres. part. of **savoir**), *knowing*

sache, sachons, sachez (imperative of **savoir**)

sache (pres. subj. of **savoir**)

sacré, adj., *sacred*

sage, adj., *wise*

saint, adj., *saintly, holy;* **arche —e,** *holy ark* (forbidden ground)

Sainte-Beuve, Charles Auguste de (1804–1869), literary critic

Saint-Évremond, Charles de (1610–1703), free-thinking author

sais, sait (pres. indic. sing. forms of **savoir**)

saisir, *to seize*

salaire, m., *wages*

salon, m., *salon, drawing room*

saluer, *to salute, to greet*

Sand, Georges (1804–1876), woman novelist

sang, m., *blood*

sans, prep., *without;* **— que,** *without*

satisfaire, irreg. verb (like **faire**), *to satisfy*

saurai (fut. of **savoir**)

saurais (cond. of **savoir**)

sauver, *to save*

savant, m., *scholar, savant;* adj., *learned*

savoir, irreg. verb, *to know (how);* **à —,** *namely, to wit*

Scott, James Brown (1866–

1943), Professor of International Law

séduit, adj., *charmed, misled*

seize, adj., *sixteen*

sel, m., *salt*

selon, prep., *according to*

semaine, f., *week*

semblable, adj., *like, similar*

sembler, *to seem*

sens, m., *sense, meaning, direction*

sensible, adj., *sensitive, responsive*

sensibilité, f., *sensitivity*

sentence, f., *judgment, verdict*

sentir, *to feel;* **se —,** *to feel*

serai (fut. of **être**)

serais (cond. of **être**)

servir (like **sentir**), *to serve, to be of use;* **— de,** *to serve as;* **se — de,** *to use, to make use of;* **à quoi sert . . . ?** *what is . . . good for?*

ses, adj., *his, her, its*

seul, adj., *alone, only, single*

Sévigné, Marie de Rabutin-Chantal, marquise de (1626–1696), famous for her *Lettres*

si, conj., *if, so, suppose, yes* (after a negative); **si . . . que,** *however*

siècle, m., *century*

sien(ne): le (la) —, pron., *his, hers, its*

sieur, m., *mister, sir*

signaler, *to indicate, to signal*

s'il vous plaît, *please*

sinon, conj., *if not*

sire, m., *sire* (title of king)

slave, adj., *Slavic*

sœur, f., *sister*
soi, pron., *oneself*
soir, m., *evening*
soirée, f., *evening*
sois, soit, soient (pres. subj. forms of être); soit . . . soit, *either . . . or;* soit, *let, suppose, required*
soixante, adj., *sixty*
soldat, m., *soldier*
soleil, m., *sun*
solennité, f., *solemn occasion*
somme, f., *sum*
sommes (first pl. pres. indic. of être), *are*
sommet, m., *summit*
son, m., *sound*
son, adj., *his, her, its*
songer (à), *to think (of)*
sont (third pl. pres. indic. of être), *are*
sorte, f., *sort, way, kind, manner;* de la —, *in this (that) way*
sortir (like sentir), *to go out*
sot, m., *fool;* adj., *foolish*
souffert (past part. of souffrir), *suffered*
souffler, *to breathe*
souffrance, f., *suffering*
souffrir, irreg. verb (like ouvrir), *to suffer, to allow, to endure, to stand* (figurative)
souligner, *to underline, to emphasize*
soumettre, irreg. verb (like mettre), *to submit*
soumis (past part. of soumettre), *submitted*

soumission, f., *submission*
soupçon, m., *suspicion*
souple, adj., *supple*
sourire, irreg. verb (like **rire**), *to smile;* n. m., *smile*
sous, prep., *under, beneath;* — le rapport de, *in the matter of*
souscrire, irreg. verb (*like* écrire), *to subscribe*
soutenir, irreg. verb (like venir), *to sustain, to maintain, to hold*
souvenir, irreg. verb (like venir): se — de, *to recall;* n. m., *memory, remembrance, recollection*
souvent, adv., *often*
souverain, adj., *sovereign*
soyons, soyez (pres. subj. and imperative forms of être)
spirituel, spirituelle, adj., *witty, lively, humorous, spiritual*
statut, m., *statute, law*
su (past part. of savoir), *known, learned, found out*
subit, adj., *sudden*
sucre, m., *sugar*
sud, m., *south*
suffire, irreg. verb, *to suffice*
suffisant, adj., *sufficient*
suis (first sing. pres. indic. of être), *am*
suis, suit (pres. indic. sing. of suivre)
Suisse, f., *Switzerland*
suite, f.: à la — de, *as a result of;* tout de —, *immediately, at once*

suivi (past part. of **suivre**), *followed*

suivre, irreg. verb, *to follow*

sujet, m., *subject*

superbe, adj., *superb, proud, haughty*

superflu, n. m., adj., *superfluous*

sur, prep., *on, upon*

sûr, adj., *sure*

surgir, *to surge, to spring up*

surprendre, irreg. verb (like **prendre**), *to surprise*

surtout, adv., *especially, above all*

sus (past def. of **savoir**)

ta, adj., *your*

tableau (pl. **tableaux**), m., *picture*

tâche, f., *task*

tâcher (de), *to try (to)*

Taine, Hippolyte (1828–1893), philosopher and historian

taire: se —, irreg. verb (like **plaire**), *to be silent, to hold one's tongue*

Talleyrand, Charles Maurice de (1754–1838), diplomat

tandis que, conj., *while, whereas*

tant (de), adv., *so much, so many;* **— que**, *as long as*

tard, adv., *late*

tâter, *to feel*

te, pron., *you, to you*

tel, telle, adj., *such (a);* **— que**, *such as;* **monsieur un tel**, *Mr. So-and-so*

téléphone, m., *telephone;* **un coup de —**, *a telephone call*

temps, m., *weather, time;* **à —**, *on time;* **de — en —**, *from time to time*

tendance, f., *tendency*

tendresse, f., *tenderness*

tenez! interjection, *here! look here! see here!*

tenir, irreg. verb (like **venir**), *to hold;* **— compte de**, *to take into account;* **— à**, *to insist upon, to be anxious to;* **on ne peut pas y —**, *one can't stand it*

terrain, m., *terrain, field*

terre, f., *earth, land, world*

terrestre, adj., *terrestrial, earthly*

Terreur, f., *Reign of Terror* (name given to the bloodiest period of the French Revolution)

tes, adj., *your*

tête, f., *head;* **mal à la —**, *headache;* **où donner de la —**, *which way to turn;* **faire tourner la —**, *to make (someone) fall in love*

thé, m., *tea*

tien(ne): le (la) —, pron., *yours*

tiens! interjection, *well! really! you don't say! etc.*

titre, m., *title;* **à — de**, *by way of*

toi, pron., *you, to you, yourself*

tomber, *to fall*

ton, m., *tone*

ton, adj., *your*

tort: avoir —, *to be wrong*

toujours, adv., *always, still*

tour, m., *turn*

tour, f., *tower*

tourner, *to turn;* faire — la tête, *to make* (someone) *fall in love*

tous (pl. of tout)

Toussenel, Alphonse (1803–1885), ornithologist

tout, adj., n. m., adv., *all, everything, every, whole, completely;* — le monde, *everyone;* — de suite, *immediately, at once;* — à coup, *suddenly;* — à fait, *quite, naturally, completely;* — aussi bien, *quite as much*

trahir, *to betray*

trahison, f., *treason*

traiter, *to treat*

tranquille, adj., *calm, peaceful, tranquil*

transmettre, irreg. verb (like mettre), *to transmit*

travail, m., *work*

travaux (pl. of travail)

trente, adj., *thirty*

très, adv., *very*

trois, adj., *three*

troisième, adj., *third*

tromper, *to deceive;* se —, *to be mistaken*

trop, adv., *too much, too*

trouver, *to find;* se —, *to be, to happen to be*

Turquie, f., *Turkey*

un, une, indefinite art., *a, an, one*

unique, adj., *sole, only*

utile, adj., *useful*

va! interjection, *the idea! I assure you! etc.*

va (third sing. pres. indic. of aller), *goes, is going;* il y — de . . . , *. . . is at stake*

vaille (pres. subj. of valoir)

vaincu (past part. of vaincre), *conquered*

vais (first sing. pres. indic. of aller), *go, am going*

vaisseau (pl. vaisseaux), m., *vessel*

vallée, f., *valley*

valoir, irreg. verb, *to be worth;* — la peine de, *to be worth while to;* — mieux, *to be better*

vapeur, f., *vapor* (archaic medical sense)

vas (second sing. pres. indic. of aller), *go, are going*

vaudrai (fut. of valoir)

vaudrais (cond. of valoir)

Vauvenargues, Luc de Clapiers, marquis de (1715–1747), moralist, author of *Maximes*

vaux, vaut (pres. indic. sing. forms of valoir)

vécu (past part. of vivre), *lived*

vécus (past def. of vivre)

végétal, n. m., adj., *plant*

vendre, *to sell*

vénéré, adj., *venerated*

venir, irreg. verb, *to come;* — de (+ infinitive), *to have just;* — à, *to happen to*

vent, m., *wind;* coup de —, *gust of wind*

ventre, m., *stomach*

venu (past part. of **venir**), *come*

vérité, f., *truth;* à la —, *in truth*

verrai (fut. of **voir**)

verrais (cond. of **voir**)

vers, m., *line;* faire des —, *to write poetry*

veuille (pres. subj. of **vouloir**)

veuillez (imperative of **vouloir**), *please, have the kindness to*

veux, veut, veulent (irreg. forms pres. indic. of **vouloir**)

vie, f., *life*

vieil, vieille, adj., *old*

vieillard, m., *old man, old person*

vieillesse, f., *old age*

vieillir, *to grow old*

viendrai (fut. of **venir**)

viendrais (cond. of **venir**)

vienne (pres. subj. of **venir**)

viens, vient, viennent (irreg. forms pres. indic. of **venir**)

vieux, adj., *old*

vif, adj., *keen, lively*

Vigny, Alfred de (1797–1863), poet, novelist, dramatist

ville, f., *city;* en —, *downtown*

vin, m., *wine*

violer, *to violate*

vis (past def. of **voir**)

vis, vit (irreg. pres. indic. of **vivre**). See previous entry.

vive, adj. (fem. of **vif**)

vivre, irreg. verb, *to live*

voici, prep., *here is (are)*

voie, f., *way;* en — de, *in the process of*

voilà, prep., *there is (are)*

voile, m., *veil*

voir, irreg. verb, *to see*

voix, f., *voice;* à haute —, *aloud*

voler, *to steal*

volontairement, adv., *wilfully*

volonté, f., *will, wish, willingness*

Voltaire, pen name of **François-Marie Arouet** (1694–1778), liberal-thinking philosopher, poet, dramatist, pamphleteer

Von Wartburg, Walther (b. 1888), linguistic historian

vont (third pl. pres. indic. of **aller**), *go, are going*

vos, adj., *your*

vôtre: (le) (la) —, pron., *yours*

votre, adj., *your*

voudrai (fut. of **vouloir**)

voudrais (cond. of **vouloir**)

vouloir, irreg. verb, *to wish;* — bien, *to be willing;* — dire, *to mean;* — c'est pouvoir, *where there's a will there's a way*

voulu (past part. of **vouloir**), *wished*

voulus (past def. of **vouloir**)

vous, pron., *you, to you*

voyage, m., *trip, voyage*

voyager, *to travel*

voyais (imperf. indic. of **voir**)

voyez, voyons (irreg. forms pres. indic. and imperative of **voir**)

voyons! interjection, *come now! the idea!* etc.

vrai, adj., *true*

vu (past part. of **voir**), *seen;* prep., *in view of*

vue, f., *view, sight*

y, pron., adv., *there, to it, at it, in it, on it;* il — a, *there is*

(are); il doit — avoir, *there must be;* il peut — avoir, there can be

y a-t-il? *is (are) there?*

yeux (pl. of **œil**), *eyes*

Zarathoustra, character in Nietzsche's *Also Sprach Zarathustra*

Index

NUMBERS REFER TO PAGES